Malediven

Tauchen - Sehen - Erleben

Malediven

Tauchen - Sehen - Erleben

Monique Walker

Verlag Stephanie Naglschmid Stuttgart

Die Deutsche Bibliothek - CIP-Einheitsaufnahme

Walker, Monique:
Malediven : Tauchen - Sehen - Erleben / Monique Walker.-
Stuttgart: Naglschmid 1994
ISBN 3-927913-66-9

Titelbildgestaltung: Stephanie Naglschmid / MTi-Press
Titelbild: Helmut Göthel / MTi-Press
Graphik: Danièle Hernandez / MTi-Press
Lektorat: Helmut Göthel / MTi-Press

Alle in diesem Buch enthaltenen Angaben, Daten, Ergebnisse usw. wurden von dem Autor nach bestem Wissen erstellt und von ihm und vom Verlag sorgfältig überprüft. Gleichwohl können inhaltliche Fehler nicht vollständig ausgeschlossen werden. Daher erfolgen die gemachten Angaben, Daten, Ergebnisse usw. ohne jegliche Verpflichtung oder Garantie des Autors oder des Verlags. Weder der Autor noch der Verlag übernehmen irgendeine Verantwortung und Haftung für etwaige inhaltliche Unrichtigkeiten.

Rotebühlstr. 87A, 70178 Stuttgart
Herstellung: Druckerei Schreck GmbH & Co. KG, 67485 Maikammer

VORWORT

Mit ihren mehr als 2.000 Inseln, die sich in einer Ausdehnung von knapp 1.000 Kilometern in Nord-Süd-Richtung um den Äquator reihen, stellen die Malediven ein in der Welt wohl einmaliges Inselparadies dar.
Darwin, ein für seine Zeit weitgereister und erfahrener Naturwissenschaftler, konnte diese Inseln nicht erreichen. Er konnte nur die Karten der englischen Marine studieren und daraus seine Überlegungen über die Entstehung dieser Korallenatolle ableiten. Für Hans Hass waren diese Inseln 1957 erster Zielpunkt in der Weite des Indischen Ozeans. Heute, nur wenige Jahrzehnte danach, strömen alljährlich Hunderttausende auf diese Inseln, um vor allen Dingen die Welt unter Wasser zu genießen.
Wer auf die Malediven geht, kann Tauchen und Schnorcheln oder hat zumindest vor, dies dort zu erlernen. Darum ist der große Schwerpunkt dieses Bandes die Welt unter Wasser mit ihren traumhaften Farben und Formen, in die die Autorin mit ihren langjährigen Malediven-Erfahrungen, ihrer Freude an der Welt unter Wasser und ihrer Begeisterung für die Unterwasserfotografie in systematischer Form einführt.
Dieser Band ist aber zugleich ein Aufruf, das wohl empfindlichste ökologische Inselsystem trotz der hohen Frequentierung durch den Tourismus in seiner Vielfältigkeit und Schönheit zu erhalten. Vielleicht sind die Malediven Zeugnis für die Fähigkeit des modernen Menschen, sich den Erfordernissen der Natur wieder anzupassen und rechtzeitig das Ruder herumzureißen, wenn es gilt, drohende Zukunftskatastrophen durch vernunftorientiertes Handeln zu vermeiden.

Für viele Fachleute gelten die Inseln der Malediven mit ihrer geringen Höhe über dem Meeresspiegel als diejenigen Bereiche der Erde, die im Falle einer wirklich zutreffenden Klimakatastrophe für immer versinken würden. Globale Auswirkungen unseres Handelns erfordern globales Denken und globale Anstrengungen zum Schutz unseres blauen Planeten.
Wer die Malediven erleben durfte, über die Zusammenhänge in den Ökosystemen Erfahrungen sammeln konnte, evtl. sogar durch Neuentdeckungen und Neubeobachtungen zur Erforschung dieser faszinierenden Welt beitragen konnte, der wird dem Anliegen dieses Bandes folgen und alles nur Erdenkliche tun, um diese Inseln mit ihren traumhaften Riffen auch für morgen zu erhalten.

Dr. Friedrich Naglschmid
Präsident Förderkreis Sporttauchen
Vizepräsident Verband Deutscher Sporttaucher e.V.

ZU DIESEM BUCH

Durch meinen langjährigen Malediven-Aufenthalt und als begeisterte Unterwasserfotografin war es mir ein Bedürfnis die einmaligen Eindrücke und Erlebnisse in diesem Buch festzuhalten und weiterzugeben. Es ist mir auch daran gelegen, umweltfreundliches Denken zu fördern, das durch richtiges Erkennen und Verstehen der Unterwasserwelt und deren Lebewesen animiert wird.
Die Malediven, ein Staat der mehr aus Wasser als aus Land besteht, haben sich in den letzten Jahren zu einem der beliebtesten Urlaubsziele entwickelt. Immer mehr Touristen werden von diesen traumhaften Inseln angezogen, auf denen sie durch ein sehr naturverbundenes Leben ihren Altagsstreß abbauen können. Durch die einmalige Unterwasserwelt ist dieses interessante Land zu einem der begehrtesten Orte für Unterwassersportler geworden. Nach dem ersten Blick unter die Wasseroberfläche kennt die Begeisterung kaum noch Grenzen. Wer immer die faszinierende Unterwasserwelt kennen und beobachten lernt, wird davon so beeindruckt, daß ihm die Erhaltung der Riffe und der Schutz der Lebewesen zum persönlichen Bedürfnis werden müssen.
Der Tauchsport ist noch recht jung, hat jedoch in den letzten Jahren viele Interessierte angelockt, denen er die Möglichkeit bietet, das Meer und seine Bewohner innerhalb der Sporttauchtiefen zu erforschen. Damit sind nicht nur schöne Erlebnisse verbunden, sondern gleichzeitig wird das Umweltbewußtsein sensibilisiert. Außerdem bleibt bei vielen Gästen eine lebenslange Begeisterung für die Unterwasserwelt bestehen.
Ist man einmal in den Bann dieser uns anfangs gefährlich und geheimnisvoll erscheinenden Unterwasserwelt geraten, folgt ein großer Wissensdurst über deren Bewohner. Ich hoffe, daß es mir gelungen ist, mit diesem Buch einen Teil dieses Durstes zu stillen, denn die unvorstellbare Vielfalt der Unterwasserlebewesen ist nicht in einem einzigen Buch zu erfassen.

Um jedermann einen kleinen Teil der komplexen Meeresbiologie und ein Allgemein-Verständnis zu vermitteln, habe ich absichtlich eine einfache, übersichtliche und gut verständliche Form gewählt. So habe ich die am häufigsten auf den Malediven anzutreffenden Unterwasserlebewesen beschrieben und illustriert. Die systematische Auflistung hat keinen Anspruch auf Vollständigkeit und basiert auf Smiths Sea Fishes (Margret M. Smith, Philippe C. Heemstra) für Fische und dem Lehrbuch der speziellen Zoologie (Alfred Kästner) für Wirbellose Tiere.

An dieser Stelle möchte ich mich auch bei allen bedanken, die zur Entstehung dieses Bildbandes beigetragen haben.
So vor allem meinen Freundinnen, Danièle Hernandez, die mit unermüdlichem Einsatz die Illustrationen angefertigt hat, Herta Thiel für guten Rat und das Korrekturlesen und Barbara Schoop für technische Informationen und Hilfsmittel.
Mein besonderer Dank gilt auch den Zoologen Regina und Andrea Mutzner für ihre Überarbeitung auf Richtigkeit des sachlichen und fachlichen Inhaltes, Dr. phil.II R. Altermatt für seine fachlichen Anregungen und Ratschläge und Charly Bieler, dem Autor des Reiseführers "Malediven", für seine fachmännische Unterstützung.
Ebenso gilt mein Dank allen Fotografen, die mir zusätzliches Diamaterial zur Verfügung gestellt haben: Helmut Göthel, Herwarth Voigtmann, Ueli Weibel, Sepp Seufzenecker, Harry Harrison, Andreas Koffka, Siggi Braun, Michael Keck und Ute Müller.
Ganz herzlich bedanke ich mich auch bei allen, die mich in irgendeiner anderen Weise unterstützt und angespornt haben, mein nicht immer leichtes Vorhaben zu verwirklichen: Frida Walker und Mladen Justinic, Peter Pelz, Familie Danièle und Nardo Hernandez, Georg Studer, Ibrahim Wafeer, Michael Gruss und Silvia Knab, Christina Tsouras, Rolf Kleinschnittger, Rolf H. Georg, Heinz Steinmann, Andrea Faja, Angela Totzauer, Gitta Penz, Katrin Ruetsch und Andy Jordan.

INHALTSVERZEICHNIS

ÜBERSICHT DER FISCHFAMILIEN

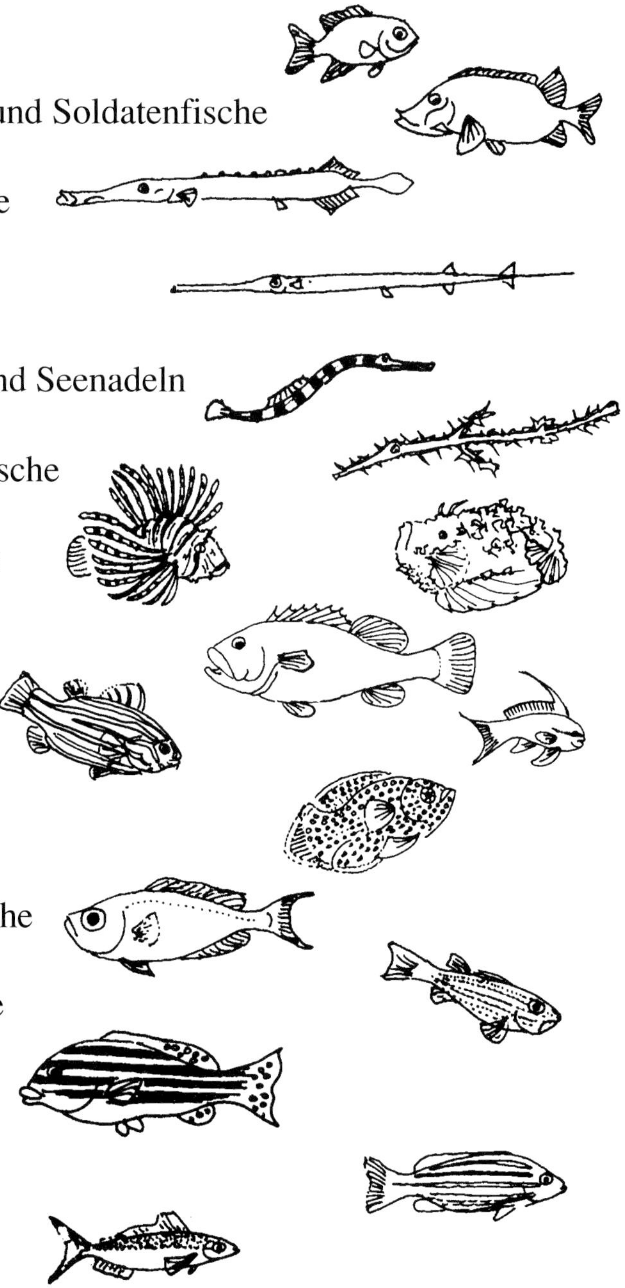

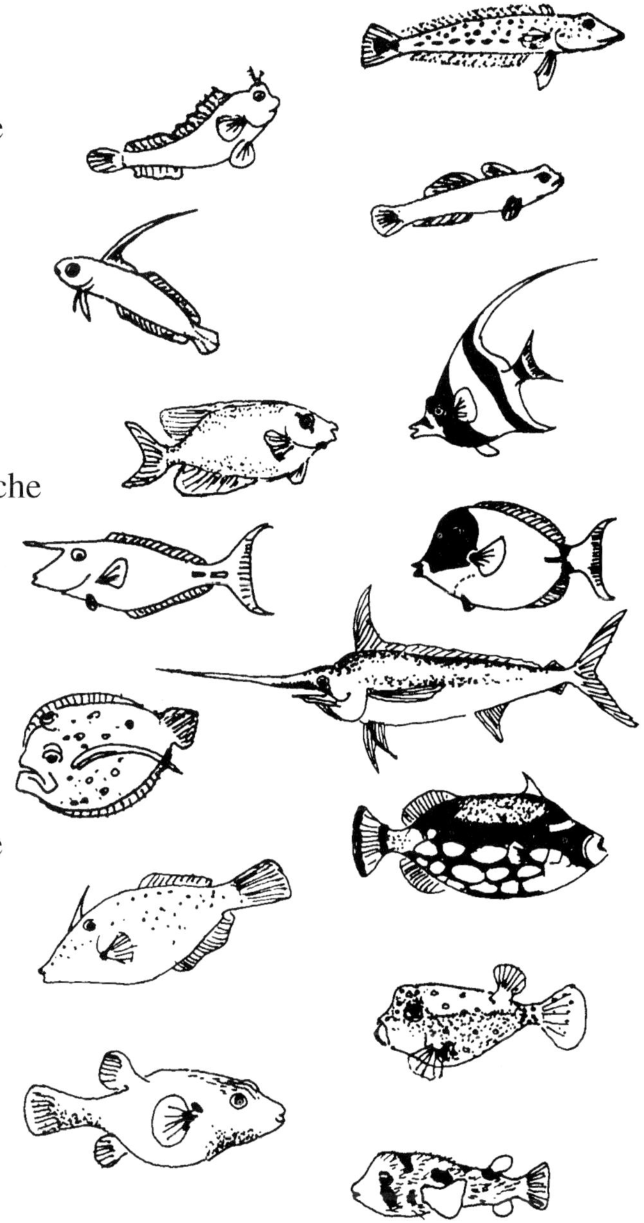

EINLEITUNG

Schon beim Landeanflug drücken sich alle Passagiere ihre Nasen an den Flugzeugfenstern platt und sind überwältigt von der beeindruckenden Schönheit dieses Landes, die wie ein Zauber auf die streßgebeutelten Europäer wirkt. Wie Perlenketten auf einem türkis- bis dunkelblauen Teppich, liegen die weißen, meist üppig mit Palmen bewachsenen Inseln, mitten im Indischen Ozean. Allein schon das Wort "Insel" scheint heutzutage bei vielen Menschen Sehnsüchte, Träume, Vorstellungen oder Erinnerungen auszulösen. So locken auch die Inseln der Malediven wie mit magischer Anziehungskraft immer mehr ruhesuchende und naturverbundene Urlauber zum Entspannen und Abschalten. Nach ihrer Heimkehr werfen die meisten von ihnen andere Urlaubspläne für das kommende Jahr über Bord und buchen sofort wieder "ihre" Insel, denn das Inselleben kann zur Sucht werden und bis zum nächsten Abflug auch zu Entzugserscheinungen führen.

Den allerschönsten Teil der Malediven werden sie jedoch unter der Wasseroberfläche an den Riffen entdecken. Diese Unterwasserwelt ist eines der weltweit berühmtesten und beliebtesten Schnorchel- und Tauchreviere. Die üppige Vielfalt und Farbenpracht dieser so erholsamen Dimension kann man nicht beschreiben; man muß sie mit ihrer Harmonie und Faszination selbst erlebt haben. Sie werden in eine ganz andere Welt abtauchen, die sie im wahrsten Sinne des Wortes "unbeschwert" genießen können.

Wann sind Sie reif für die Insel ?

So paradiesisch und friedlich eine Unterwasserlandschaft auch aussieht, so hart geht es dort ums Überleben. Platz- und Existenzkämpfe zwischen den verschiedenen Korallen, Schwämmen, Algen und Fischarten sind immer gegenwärtig. Auf engstem Raum leben in diesen Riffen unter anderem rund 500 Korallen-Arten aus etwa 66 Gattungen, etwa 2.200 Fischarten und 5.000 Schnecken- und Muschelarten zusammen. Das Zusammenleben dieser Lebewesen wird von der wunderbaren Organisation der Natur im Gleichgewicht gehalten, solange wir Menschen die Umwelt respektieren und schützen.

Nach ca. neun Stunden Flug der erste Blick auf die Inselwelt der Malediven

DAS LEBEN AUF DEN MALEDIVEN

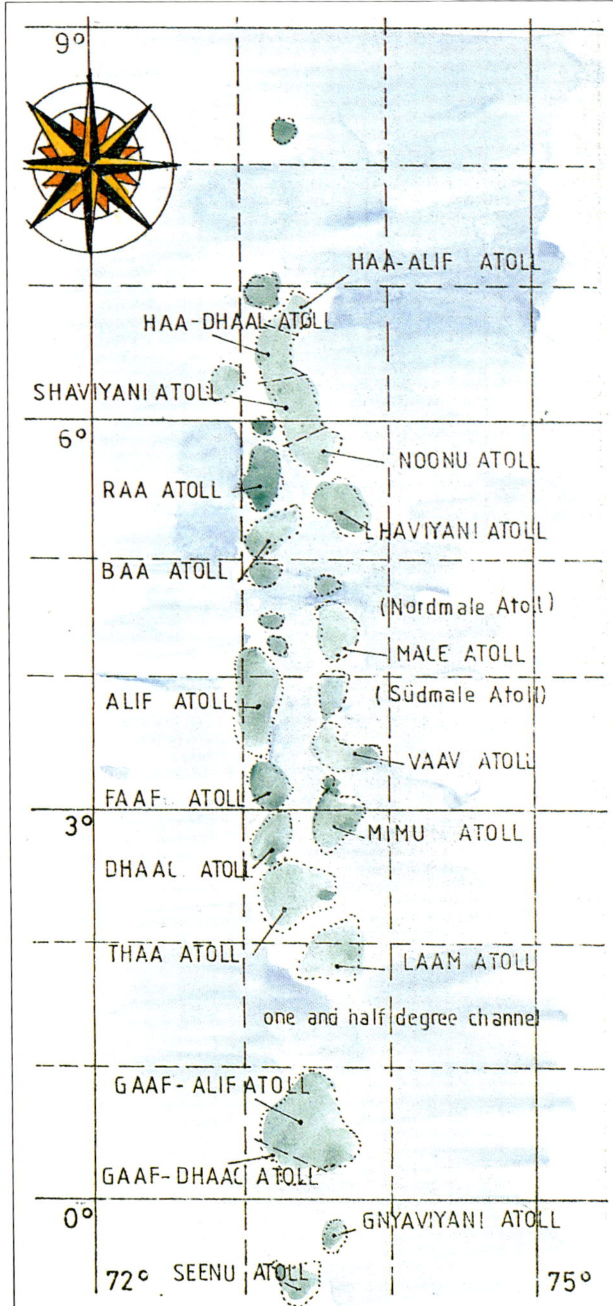

DIE MALEDIVEN

Dieses wunderschöne Land besteht aus etwa 1.200 Inseln, die in 19 Verwaltungsbezirke (Atolle) aufgeteilt sind. Von den Maledivern werden diese Bezirke Atolus genannt. In der Landessprache Divehi gibt es kein Wort für Atoll, wie wir geografisch eine ringförmige Riff-Formation mit darauf herauswachsenden Inseln nennen. Ein Verwaltungsbezirk besteht außerdem aus mehreren geografischen Atollen in unserem Sinne. Somit ist unser Wort Atoll etwas verwirrend, da es je nach Bedarf eine politische oder geografische Bedeutung haben kann. Das Wort Atoll wurde vom Franzosen Pyrard, der von 1601 - 1611 auf den Malediven lebte, nach Europa gebracht und ist vom divehischen Atolu abgeleitet.

Die Inseln verteilen sich auf einer Nord-Süd-Distanz von fast 1.000 km und einer Ost-West Distanz von etwa 130 km. Die größte Insel des Landes mißt 13 km². Die meisten Inseln sind jedoch sehr klein, und man kann sie in ein paar Minuten zu Fuß umrunden. Somit beträgt die gesamte effektive Landfläche der Malediven nur knapp 300 km²! Sie liegen etwa 750 km südwestlich von Sri Lanka und erstrecken sich bis über den Äquator hinweg, d.h. von 9° nördlicher bis 1° südlicher Breite.

Von den etwa 1.200 Inseln sind nur rund 200 von den ungefähr 220.000 Maledivern bewohnt, wovon über 56.000 Einwohner auf der Hauptstadtinsel Male leben. Mit einer Länge von 1,7 km und einer Breite von ca. einem Kilometer zählt Male zu einem der Gebiete mit der höchsten Bevölkerungsdichte der Welt. Trotz dieses engen Zusammenlebens, der über 20jährigen Tourismuserschließung und einem Urlauberstrom von über 200.000 Personen pro Jahr, waren Kriminalität und organisiertes Verbrechen bis vor kurzem unbekannt. Erst im Jahre 1992 fand der erste Raubüberfall auf eine Bank in Male statt. Im Gegensatz zu anderen asiatischen Ländern sind jedoch bis heute keine Bettler auf den Straßen anzutreffen

Die Malediven werden seit 1978 mit 48 Abgeordneten als Präsidiale Republik von Präsident Mamoon Abdul Gayoom geführt. Der Regierungssitz ist Male.

Der Islam ist die Einheitsreligion auf den Malediven, und das Islamische Zentrum ist das schönste Bauwerk in Male. Es wurde mit Unterstützung verschiedener islamischer Länder erbaut und thront seit 1984 über der Hauptstadt. Schon auf weite Distanz sieht man die goldenen Kuppeln der Moschee und des 44 Meter hohen Minaretts in der Sonne funkeln. Sie ist die schönste und größte von 24 Moscheen in der Hauptstadt. Auf jeder bewohnten Insel, Touristeninseln eingeschlossen, steht den Maledivern mindestens eine kleine Moschee für ihre Gebetsstunden zur Verfügung.

Im Vergleich zu anderen islamischen Ländern, verschleierten die maledivischen Frauen ihr

Gesicht nie. Dies ließen sich die sehr selbstbewußten Malediverinnen seit der Konversion zum Islam im Jahre 1153 trotz hartnäckiger Versuche nie aufzwingen. Andere verpönte Teile dieser Religion, wie Alkoholkonsum, Glücksspiele, Nacktbaden sowie Oben-ohne werden streng eingehalten. Ebenso werden keine Hunde und Schweine geduldet. Neuerdings hat die Regierung auch an "züchtige" Kleidung während der Besuche in Male und auf den Einheimischeninseln erinnert. Bei solchen Ausflügen sollten immer Schultern und Knie bedeckt sein.
Andere Länder, andere Sitten!

Auf jeder noch so kleinen bewohnten Insel gibt es eine Koranschule oder eine kleine Gundschule. Die höheren Schulen sind in Male. Alle Schüler tragen mit sichtlichem Stolz ihre immer blitzsauberen und schmucken Schuluniformen. Die Landessprache Divehi wird in der Thaana Schrift geschrieben, von rechts nach links. Englisch wird heute als Pflichtfach unterrichtet und begabte Schüler werden oft zum Weiterstudieren von der Regierung ins Ausland geschickt. Diese müssen sich für das Land verpflichten und nach der Rückkehr einige Jahre für den Inselstaat arbeiten.
Ein paar tausend Malediver arbeiten auf den Touristeninseln und etwa 160.000 bewohnen die Einheimischeninseln. Jedes Atoll untersteht einem Atollverwalter und jede Insel einem Katheeb, einem Inselchef. Per Funk informiert er den Atollverwalter jeden Tag über die Geschehnisse auf seiner Insel.

Die Malediver sind friedliebende, stolze, im allgemeinen gutaussehende und intelligente Menschen. Sie scherzen, lachen und singen gerne. Meist leben drei Generationen im selben Haus, was ihren ausgeprägten Familiensinn zeigt. Die Geburtenrate auf den Malediven ist höher als die in Indien, und gleichzeitig hat das Land die weltweit höchste Scheidungsrate. Für eine minimale Scheidungsgebühr von US$ 6.- gehen viele Paare auseinander und heiraten einen anderen Partner, oft auch wieder denselben. Die Frau behält das Haus und die Kinder, der Mann das Boot; dies ist die gültige Regel für die maledivische Gütertrennung. Nach dem islamischen Gesetz dürfte ein Malediver gleichzeitig bis zu vier Frauen ehelichen. Aus finanziellen Gründen werden jedoch Mehrehen äußerst selten praktiziert und vor allem als nicht fortschrittlich betrachtet. Ihre schmucken, sehr einfachen Häuser sind aus gebrochenen Korallensteinen gebaut. Zum Schutze der Korallenriffe, von denen früher das Baumaterial abgetragen wurde, werden heute Baublöcke aus importiertem Zement hergestellt. Dies geschieht auf Grund einer sehr weisen und naturschützenden Anordnung der Regierung.

Die Hauptnahrungsmittel sind Fisch, Reis und Kokosnüsse. Ohne den Fischreichtum und die Kokospalmen wäre eine Besiedlung dieser Inseln nie möglich gewesen. Die Kokosnüsse sind die ergänzende Nahrung zum Fisch. Außerdem werden die Nußschalen zu Haushaltsgegenständen umgestaltet oder als Feuerholz verwertet. Die faserigen Außenschalen der Kokosnüsse werden zu Schnüren oder Besen verarbeitet. Die Blütenknospen können als Gemüse gekocht und aus dem Saft der Blütenstände kann Zucker gewonnen werden. Das Holz der Palmen wird zum Schreinern ihrer Dhonis (Boote), Möbel oder Dachstöcke der Häuser genutzt. Die Palmblätter werden zu Deckmatten für die Hausdächer geflochten. Der "divehi ruh" (Maledivenstamm) war, vor allem vor der Zeit des regen Importmarktes, und ist auch noch heute lebenswichtig für die Malediver. Reis und Tee sind die wesentlichen Importgüter aus Sri Lanka und werden seit jeher eingeführt. Der außerordentlich gut mundende Tee ist das Hauptgetränk im Lande. Die Inselbewohner pflanzen in ihrem Garten neben dem Haus etwas Gemüse, Früchte und Gewürze für die Selbstversorgung. Wer einen großen Brotfrucht- oder Mangobaum besitzt ist ein Glückspilz.

Betelnüsse und die üblichen Zutaten

Vor einigen Jahrzehnten war eine Uhr das absolute Muß einer maledivischen Hauseinrichtung. In den meisten Häusern sieht man heute noch die altmodischen Regulatoren hängen. Eine oder mehrere große Schaukeln im oder vor dem Haus gehören zum traditionellen Mobiliar. Spätestens beim Aufenthalt auf einer Einheimischeninsel ohne Strom (und Ventilator) , in "züchtiger" Kleidung und 33° C im Schatten, wurde mir die glänzende Idee dieser mehrplätzigen Konstruktion bewußt. Durch das Hin- und Herschwingen ergab sich eine angenehme Brise, und die Hitze war viel leichter zu ertragen. Gegen Abend rauchen fast ausschließlich Frauen ihre Wasserpfeifen. Der unter gurgelnden Geräuschen angezogene süßliche Rauch wird nicht inhaliert. Er entsteht aus einer Mischung von Tabak, zerdrückter Banane und Zucker, die unter glühenden Holzkohlestücken verglimmt.
Auch das Betelnußkauen ist, wie in vielen asiatischen Ländern, eine sehr beliebte Beschäftigung. Schon kleine Kinder lieben diese muskatnußähnlichen Früchte der Betelnußpalme über alles. Sie werden frisch oder geröstet mit einem speziellen Messer in dünne Scheiben geschnitten. Von den Erwachsenen werden sie in Betelpfefferblätter eingewickelt und, unter Beimischung von Nelken, anderen Gewürzen und etwas weißer Kalkpaste gekaut. Diese Mischung wirkt, entgegen der Annahme der meisten Touristen, nicht berauschend, sondern verdauungsfördernd. Das ganze Mundinnere und die Zähne werden dadurch braunrot verfärbt.

Die Küche befindet sich in einem kleinen, separat angebauten Raum oder Hüttchen, wo auf offenem Holzfeuer gekocht wird. Dort werden die Frühstücks-Tschapatis (Fladenbrote) gebacken und hauptsächlich Reis und Curry zubereitet. Der Curry wird auf Einheimischeninseln meist noch selbst hergestellt. Während eines ganzen Tages wird das Fruchtfleisch von vielen Kokosnüssen geraspelt, unzählige Gewürze nach überlieferten Familienrezepten beigemischt, und in einer großen Pfanne etwa zwei Stunden lang geröstet. Danach wird die Mischung mit dem Mörser zerstampft und als Paste jeden Tag, unter Beigaben, meist von Fischstücken, zu Curry-Gerichten verkocht. Vor dem Kochen wird diese Masse nochmals auf einem "typischen Küchengerät" aus Stein zu einem feinen Brei zermalmt.
Am Tisch sitzt nie die ganze Familie zusammen. Es ist der Brauch, daß zuerst die Männer, und erst danach die Frauen und Kinder essen. Als Besuch wurde ich seltsamerweise als Frau auch bei den Männern eingeteilt. Das Eßbesteck ist auf Einheimischeninseln, wie vielerorts im asiatischen Raum, unbekannt. Man ißt mit der Hand, und was äußerst wichtig ist und hygienische Gründe hat, gezwungenermaßen mit der rechten, der "Reinen". Durch diese moslemische Regel wird die Verbreitung vieler Krankheiten vermindert, da die "Unreine", linke Hand, für sanitäre Zwecke vorgesehen ist.
Diese Eßweise mag für uns Europäer zuerst sehr ungewohnt und schwierig erscheinen. Jedoch mit ein bißchen Übung klappt es bereits nach einigen Currys und man wird feststellen, daß alles viel besser schmeckt.

Fast alle Häuser haben heute einen angebauten, deckenlosen Baderaum, der nur von einer hohen Mauer umgeben ist. Ich empfand dieses Badezimmer im Freien zuerst als ungewohnt, aber schon nach einigen Tagen als sehr angenehm. Das süße Grundwasser ist wunderbar kühl zum Duschen. Man holt es mit einem an einer langen Stange befestigten Behälter aus dem Walu (Brunnen). Einige Häuser haben heute Toiletten in diesen Badezimmern. Früher, an manchen Orten noch heute, wurden die "Geschäfte" am Strand erledigt, eine Seite für die Männer und die andere Strandseite für die Frauen. So hält die "Zivilisation" auch in diesem Bereich nach und nach ihren Einzug.
Vor ein paar Jahren galten in Male nur die Haushalte als "modern", die mit einem Kerosin-Kocher ausgerüstet waren. Das Kochen wurde dadurch in der Hauptstadt auch billiger. In Male ist das Brennholz sehr teuer und wird von weitgelegenen Inseln per Schiff gebracht, obwohl es auch dort rar ist. Jeden Tag kommen unzählige Dhonis (Schiffe) von den entlegendsten Inseln und legen im Hafen von Male längs dem Marine Drive an. Bis zur letzten Ecke beladen, bringen sie allerlei Waren zum Verkauf in Male: z.B. Kokosnüsse, Trockenfisch, Hühner, Kokosschnüre, Palmblattmatten, Brennholz und von wenigen Inseln manchmal einige Früchte oder etwas Gemüse. Nach dem Handeln und Feilschen wird mit dem Erlös hauptsächlich Reis, Tee, Zucker, Mehl und Milchpulver eingekauft, und nach einigen Tagen fahren die Dhonis mit neuem Proviant zurück. Seit etwa 1975 werden viele dieser Segelboote mit Motoren ausgerüstet, doch es fahren noch immer mehr als die Hälfte der Dhonis mit Windkraft.

Auf der Insel Male motorisiert zu sein ist das heutige Status-Symbol. Dort zirkulieren mehr als 600 Autos und schwere Motorräder von fast ausschließlich japanischem Fabrikat in den ohnehin schon überlasteten Straßen. Zum Glück ist das sonst auf fast allen anderen Inseln nicht möglich. Die Fahrzeuge, die durch die strukturell bedingte Geschwindigkeitsbeschränkung der Insel eigentlich nie in einem höheren als dem zweiten Gang fahren können(!), beleben die Hauptstadt durch übermäßiges Hupen, wie in allen asiatischen Ländern. Sie werden von den unzähligen Fahrrädern in teils halsbrecherischen Aktionen umschwirrt.
Dennoch hat die Hauptstadtinsel Male noch immer ihren speziellen und unvergleichlichen Charme als Metropole dieses kleinen Staates. Male ist das Zentrum der politischen, wirtschaftlichen, kulturellen, historischen und religiösen Aktivitäten des Landes, und dies auf engstem Raum. Und gleichwohl ist die Stadt irgendwie idyllisch geblieben durch ihre engen Gassen mit den ummauerten Gärten und Häusern, durch die Moscheen und die historischen Bauten, durch den Marine Drive mit den vielen in mehrfachen Reihen angelegten Booten, durch den Majeedhee Magu mit den unzähligen Geschäften, durch das alte Einkaufsviertel mit teils winzigen, mit allerlei Gebrauchsartikeln, Hauptnahrungsmitteln und Gewürzen vollgestopften Läden, durch den Früchte- und den Gemüsemarkt, durch den Fisch- und den Holzmarkt sowie die Straßen mit den Touristengeschäften, wovon jedes die noch billigeren T-Shirts anpreist. Heute gehören auch die täglichen Touristen ins Stadtbild, die zur Be-

Die engbesiedelte Hauptinsel Male
Das Minarett der Freitagsmoschee in Male

Sieht aus der Luft aus wie ein Flugzeugträger: die Flughafeninsel Hulule

Von weitem zu sehen: die goldene Kuppel der Moschee und die Nationalflagge des Inselstaates

sichtigung und Souvenirjagd von den Resortinseln anreisen. Obwohl schon einige Straßen gepflastert worden sind, gibt es zum Glück noch genügend Naturstraßen. Nach starken Regenfällen erinnern sie mich wieder an die Erlebnisse vor einigen Jahren, bei denen Einkäufe im wadentiefen Wasser auf den Straßen zum Abenteuer wurden!
Etwa 70 Inseln sind für den Tourismus erschlossen. Die anfangs lange und strapaziöse Anreise ist heute mit Direktflügen aus Europa in 10 Stunden machbar. Hulule ist die Insel neben Male, die ausschließlich als Flughafen benutzt wird. Nach einer beeindruckenden Landung, wie auf einem Flugzeugträger, bringt ein Boot die Urlauber zur Ferieninsel. Neuerdings werden auch Transfers per Helikopter angeboten. Die Anreise für weitentfernte Inseln wird dadurch verkürzt und bietet gleichzeitig eine wundervolle Aussicht. Ihr Traumurlaub kann beginnen mit Ruhe, schneeweißen, sauberen Sandstränden und kristallklarem Wasser. Die Fauna und Flora ist auf den Malediven durch die Struktur des Landes nicht sehr artenreich, doch die Unterwasserwelt ist umso vielfältiger und einzigartig. Auf den Touristeninseln brauchen Sie heute, gegenüber den Anfangsstadien des Tourismus, kaum auf etwas zu verzichten. Fast alle möglichen Eßwaren werden, von einigen Luxusinseln oft sogar per Flugzeug aus Singapore, importiert und teils von europäischen Köchen für unsere anspruchsvolle Eßgesellschaft zubereitet. Spirituosen aller Art werden speziell für die Gäste eingeführt.

Je nach Urlaubsinsel, was natürlich auch eine Preisfrage ist, sind die Bungalows sehr luxuriös und mit allem Komfort oder einfach und sauber eingerichtet. Durch verschiedene Sport- und Ausflugsmöglichkeiten wird den Gästen der Urlaub verschönert. Das Personal ist freundlich und zuvorkommend. Über kleine Geschenke und Trinkgelder, die sie sich allemal verdienen, freuen sie sich sehr. Leider können sie, durch eine uns fremde Mentalität, keine Freude in unserem Sinne zeigen. Auch das Wort danke existiert nicht im divehischen Sprachschatz, sie haben dafür das arabische Wort "shukkuria" übernommen.
Der Tourismus ist neben dem Fischfang der Hauptwirtschaftszweig der Malediven, und heute reisen pro Jahr fast so viele Touristen ein, wie der Inselstaat Einwohner zählt. Dies führte zu einem früher völlig unbekannten Müllproblem, und die Urlauber werden gebeten, anfallenden Abfall wieder mitzunehmen und zuhause zu entsorgen.
Der größte Teil der Fischfänge wird in einigen Fischfabriken zu Dosenfisch verarbeitet. Heute müssen außer den Maledivern, die bereits zum Frühstück Fisch essen, auch noch zusätzlich die Touristen versorgt werden. Auf den meisten Touristeninseln wird mindestens einmal am Tag Fisch serviert. Dies ist jedoch kein Problem, da es genügend Fische und Fischer im Land gibt. Problematisch wird es manchmal für erstaunte, unwissende Gäste, die einen Malediven-Urlaub gebucht haben und keinen Fisch essen! Inzwischen haben jedoch viele Inseln auch schon einen Coffee Shop, in dem man Pommes, Spaghetti und

"Moderner" Inseltransfer mit dem Helikopter
Lange Zeit waren Segel-Dhonis die einzigen Fortbewegungsmittel

ähnliches bestellen kann! Und noch ein Tip für die "kulinarisch Benachteiligten": Probieren geht über studieren. Viele Fischhasser wurden auf den Malediven schon zu Fischliebhabern! Damit die maledivischen Gewässer nicht überfischt werden, hat die Regierung das Fangen mit Netzen verboten. Nur für den Fang von Köderfischchen dürfen sie eingesetzt werden. An dieser Stelle möchte ich festhalten, daß die Bootfischerei mit Angeln dem Fischbestand nicht im mindesten schadet! Dynamit-, Harpunen- und Netzfischerei dagegen zerstören das Gleichgewicht der Fischbestände und das Riff und somit eine der wichtigsten Nahrungsquellen der Erde. Für die Einwohner der Malediven wäre eine Fischknappheit eine Katastrophe, da ihre Nahrung fast ausschließlich aus Reis und Fisch besteht.
Trotz des sehr einfachen Lebens ist Mitleid für die Bewohner der Einheimischeninseln nicht angebracht, im Gegenteil: Sie würden sie beleidigen und ihren Stolz verletzen. Außerdem drängt sich hier die Frage auf, ob wir in Europa besser und vor allem glücklicher leben, als dieses Inselvölkchen?? Und bevor die "Zivilisation" hereinbrach, war es sicher noch zufriedener. Bei dieser Gelegenheit möchte ich daran erinnern, daß wir außerhalb unseres Heimatlandes immer Gäste sind und das nie vergessen sollten. Bitte passen Sie sich den Landesbräuchen an und respektieren Sie die Einwohner und deren Glauben!"

WIE ENTSTANDEN DIE MALEDIVEN?

Müßte man ein National-Tier wählen, würde ich mich für den Korallenpolypen entscheiden, denn ohne diese fleißigen Lebewesen wären die Atolle der Malediven nie entstanden. Über Jahrtausende erschaffen diese kleinen Tiere die größten Bauwerke der Welt. Noch immer gibt es verschiedene Theorien zur Entstehungsart der Atolle. Auf den Malediven scheint die Vulkan-Theorie nach Darwin wohl kaum zuzutreffen, da man noch bei keiner der wenigen bis heute gemachten Bohrungen auf vulkanisches Gestein gestoßen ist. Aber wie dem auch sei, ob die Malediven eine abgekippte und gesunkene Randscholle Indien's sind, nach Darwin's Theorie einen vulkanischen oder nach Penck/Daly's Theorie einen Entstehungsgrund durch eiszeitliche Einwirkungen hatten, ein fester Untergrund muß sich über längere Zeit in die Nähe oder über die Wasseroberfläche erhoben haben und wieder abgesunken sein. Somit war den Korallenpolypen die Voraussetzung zum Ansiedeln gegeben. Korallenlarven von riffbildenden Korallen wurden auf diesem festen Grund angespült. Im klaren flachen Wasser mit einer Temperatur von ungefähr 28 °C hatten sie so im Indischen Ozean die idealen Bedingungen für ein schnelles Wachstum. Es bildeten sich Korallenkolonien und damit war der Grundstein für das große Bauwerk gelegt. Während das "Fundament" weiter absank, wuchsen die Korallenkolonien immer weiter zur Wasseroberfläche. Die Polypen der Korallenkolonien, die hauptsächlich für den Riffbau verantwortlich sind, beherbergen Algen (Zooxanthellen), die mit ihnen in einer Endosymbiose leben. Durch sie wird ihnen eine bis zu 10fach erhöhte Kalkablagerung ermöglicht. Dies geschieht durch die sogenannte Photosynthese, ein chemischer Prozeß, der in einem späteren Kapitel näher erläutert wird. Für die Existenz und den Aufbau der Riffgerüste sowie die rasche Reparatur von Brandungs- und Sturmschäden sind diese schnell wachsenden Korallenarten äußerst wichtig.

Die Zwischenräume des Riffgerüstes werden ständig durch Kalkalgen verkittet und mit Sedimenten (Bruch- und Erosionsmaterial, Sand, Muscheln- und Schneckengehäuseteilen, etc.) nach und nach aufgefüllt. Wichtige Sandlieferanten sind die Papageien-Fische, die unermüdlich am Riff knabbern. Die verwertbare Substanz (der organische Anteil) ihrer Nahrung ist jedoch sehr gering, daher ihre Gefräßigkeit. Der Großteil davon rieselt als sandiger Kot wie der auf das Riff zurück. Studien haben große Produktionsmengen pro Fisch und Jahr ergeben. Somit kennen wir einen der bedeutesten Produzenten der feinen, weißen Sandstrände in den Tropen.

Wie Oasen erheben sich die maledivischen Atolle aus dem Indischen Ozean. Rundum fällt der Meeresboden auf 2.500 m (Ostseite) bis 4.000 m (Westseite) Tiefe ab. Auf den Riffinnenseiten bilden sich Lagunen, während die Riffe vor allem seewärts weiterwachsen. Die Wassertiefen in den Atollen überschreiten selten 60 m. Der Außenriff-Ring ist meist durch mehrere Kanäle unterbrochen, durch den die Strömungen unter Beeinflussung von Ebbe und Flut, Richtung der Hauptmeeresströmung sowie der Windrichtung, fließen. Interessanterweise muß deshalb auflaufendes Wasser nicht unbedingt einlaufende Strömungsbedingungen in das Atoll ergeben.

Tilas sind meist ovale Korallenriff-Formationen, die sich bis etwa 10 m unter die Wasseroberfläche erheben. Sie sind in oder in der Nähe von Kanälen zu finden. Außenriffe, Kanäle und Tilas sind die besten Orte um Großfische anzutreffen. Im Atoll-Inneren finden wir an Hausriffen von Inseln und an den Giris eher Kleinfische. Ein Giri ist ein rundliches Plattform-Riff, das bei Ebbe meist bis zur Wasseroberfläche reicht.

Türkisfarbenes Wasser und palmenbestandene Inseln laden zum Entspannen ein

GEISTER UND GESCHICHTE

Seit vielen Jahrhunderten, wie auch heute noch, glauben die meisten Malediver an Geister und haben dementsprechend viele überlieferte Erzählungen und Bräuche. Gegen die Jinnis (Geister) bauen sie am Bug ihrer Dhonis (Boote) eine Verlängerung, die diese bei der Fahrt über das Meer vom Boot pflügen soll. Früher haben sie die Dächer ihrer Hütten extrem tief herunter gebaut, damit sich die Geister beim Versuch einzutreten den Kopf stoßen und weiterziehen. In der Nacht wird es überhaupt gefährlich, denn wenn kein Licht mehr da ist, kommen die Jinnis. Auf einer kleinen Einheimischeninsel wurde ich als absolut mutig bewundert, da die Einwohner bemerkten, daß ich die Öllampe zum Schlafen gelöscht hatte. Die Malediver schlafen immer mit Licht, damit sie kein Geist im Schlafe überraschen kann. Eine ganz fantastische Geschichte habe ich im Zusammenhang mit Meerestieren erfahren. In vielen Seegurken leben Eingeweidefische (Fierasfer acus), die durch die Kloaken-Öffnung hineinschlüpfen und es sich dort gemütlich machen. Bodu Ven Mas werden diese Fische von den Maledivern genannt. Sie glauben, daß sie wenn sie größer werden die Seegurke wieder verlassen, in die Tiefe des Meeres schwimmen und sehr schnell utopische Größen annehmen. Vor allem Fischer haben extreme Angst vor diesen Monstern, die auch schon Menschen und ganze Boote verschlungen haben sollen!! Das typische Zeichen, daß ein Bodu Ven Mas von den Untiefen auftaucht, und es somit auch höchste Zeit ist das Weite zu suchen, ist die immer größer und dunkler werdende Musterung bei den gefangenen Thunfischen.

Bereits vor 1.000 Jahren und bis ins 19. Jahrhundert hatten die Malediven Berühmtheit durch den Handel mit Kauri-Schnecken erlangt. Sie wurden damals in vielen Teilen der Welt und bei verschiedenen Eingeborenen-Stämmen als Geld verwendet. Interessanterweise waren die Malediven das Handelszentrum dieser dauerhaften, nicht einfach zu gewinnenden und limitierten "Währung". Obwohl es Kauri-Schnecken auch in vielen anderen Ländern gab, spezialisierten sich die Malediver auf deren Gewinnung, da sie eine sehr ergiebige Sammelmethode entwickelt hatten, die ihnen den Markt sicherte. Sie legten Äste von Kokospalmen ins Wasser und durch den Fäulnisprozeß und den Algenbewuchs lockten sie die Kauris an. Nach einiger Zeit wurden die Äste zum Trocknen in die Sonne gelegt. Danach wurden die Kauris abgeschüttelt und vergraben, damit die Tiere wegfaulten und nur die schönen weißgelben Schalen übrig blieben. Als Erinnerung an diese "Finanz-Karriere" erschienen später Kauri-Schnecken auf den Banknoten.

Die frühe Vergangenheit der Malediven ist voller Geheimnisse und Mythen. Es ist sehr wenig über die Geschichte des Inselstaates bekannt, und das Wenige wird mit den vielen existieren den Legenden und Vermutungen vermischt.
Zwischen 1500 und 2500 v.Chr. existierte auf den südlichen Inseln wahrscheinlich bereits eine Hochkultur, ähnlich der Sonnenkulte im Inkareich und auf den Osterinseln. Nach alten maledivischen Erzählungen soll auch eine legendäre Redin-Urbevölkerung existiert haben. Seit ungefähr dem 4. Jahrhundert v.Chr. bis ins 12. Jahrhundert waren die Malediven ein buddhistisches Königreich. Wie Ausgrabungen zeigten, soll sich damals auch der Hinduismus verbreitet haben. Man nimmt an, daß viele der ersten Bewohner als überlebende Schiffbrüchige die Inseln eher zwangsweise als freiwillig besiedelten. Später hatten die Malediven regen Kontakt zum Festland. Das Land war durch seine Lage ein willkommener Zwischenhalt und eine wichtige Wasserversorgung für die zwischen Afrika, dem Nahen Osten und Asien verkehrenden Schiffe. Dieser rege Kontakt spiegelt sich in der Typenvielfalt der Bewohner wider.

Im Jahre 1153 wurde der Islam die Einheitsreligion der Malediven. Anscheinend hat ein Marokkaner mit dem Namen Abu-al-Barakat-al-Yusuf-al-Barbari den zu dieser Zeit herrschenden buddhistischen König Kalaminja und sein ganzes Volk konvertiert. Alle religiösen Bauten oder Gegenstände aus der vorislamischen Zeit wurden damals zerstört. Nach einer anderen Interpretation soll der Scheich Jussuf aus dem iranischen Täbriz der Glaubensstifter gewesen sein. Auf jeden Fall ließ sich der König zum Sultan Mohammed Ibn Abdullah ernennen. Er regierte das Land 25 Jahre (1141 - 1166) lang und als der erste von 93 Sultanen (4 davon waren Sultanas!). Nach dieser langen Regierungszeit trat er seine Pilgerreise nach Mekka an und blieb mit dem Schiff verschollen. Der Grund zu dieser spontanen Glaubensbekehrung war, gemäß den Schriften von Ibn Battuta, aus Dankbarkeit erfolgt. Dieser weltreisende Araber erreichte die Malediven im Jahre 1344. Er führte die erste offizielle Geschichtsschreibung ein und übte das Amt als Richter auf den Malediven aus. Vor der Konvertierung wurde jeden Monat eine Jungfrau geopfert, die durch Auslosung ermittelt wurde. So sei es von einem bösen Geist gefordert worden. Das junge Mädchen wurde jeweils in einen kleinen Tempel am Strand eingeschlossen, wo es am nächsten Tag tot auf gefunden wurde. Abu-al-Barakat-al-Yusuf-al-Barbari habe damals im Haus einer Witwe mit einer jungen Tochter gewohnt. Als er hörte, daß das Los auf dieses Mädchen gefallen sei, habe er sich entschlossen, sich selbst an ihrer Stelle im Tempel einschließen zu lassen. Als das Ungeheuer aus dem Meer gestiegen sei, habe er ganz laut aus dem Koran gelesen, und es sei dadurch für immer vertrieben worden. Die Einwohner waren überrascht, ihn lebendig vorzufinden, und er wurde wie ein Heiliger gefeiert. Das Grab des Glaubensstifters befindet sich gegenüber der im 12. Jahrhundert erbauten Moschee Hukuru Miskit in Male. Das dazugehörige Minarett ist aus dem 17. Jahrhundert und wurde in einem ungewöhnlichen, zylindrischen Stil erbaut. Gleich daneben ist ein sehr alter Friedhof für berühmte Persönlichkeiten des Landes. Die sehr schön mit Koraninschriften verzierten Grabsteine aus Korallenkalkstein informieren durch ihre Form über das Geschlecht der Verschiedenen. Abgerundete Grabsteine sind für Frauen und spitze für Männer.

Eine weniger ruhmhafte Geschichte wird aus dem 14. Jahrhundert erzählt. Damals hat die Sultana Khadija fast 40 Jahre lang mit einigen kurzen Unterbrechungen regiert. Sie habe ihren Bruder und zwei Ehemänner ermordet, um immer wieder den Thron zu besteigen und an die Macht zu kommen.

1558 bis 1573 wurden die Inseln von den Portugiesen besetzt. Der damalige Sultan Ali Vi (1557 - 1558) kam bei den Kämpfen ums Leben. Dies war die einzige Fremdherrschaft in der maledivischen Geschichte. Sie zerstörten die Moscheen auf Anweisung ihres Anführers Andreas Andre und versuchten die Bewohner zum Christentum zu bekehren. Durch die geografische Struktur des weit verzweigten Inselstaates scheiterte dieses Unternehmen. Vor allem die tatkräftigen Widerstandskämpfe unter dem Führer und heutigen Volkshelden Mohammed Takurufan und seinen zwei Brüdern zwangen die Portugiesen nach 15 Jahren aufzugeben. Nach ihrem Abzug wurde Mohammed Takurufan Sultan des Inselstaates und regierte von 1573 - 1585.

Während des 17. Jahrhunderts handelt eine Erzählung von der schönen Sklavin Mariam, die die Geliebte des Sultans Iskander des 1. war. Nachdem sie ihm einen Sohn geboren hatte, vergiftete sie den Sultan und bemächtigte sich des Thrones. Durch ihr spektakuläres Lasterleben war sie den Maledivern am Hofe ein Dorn im Auge und fand schon bald einen unnatürlichen Tod im Dunidu Atoll. Ihr Boot explodierte und ihr Körper wurde nie gefunden.

Im Jahre 1887 unterzeichnete der Sultan einen Protekoratsvertrag mit Großbritannien. Das Land wurde damit tributpflichtig und England errichtete auf Gan im Addu-Atoll eine Basis mit Flughafen. Die letzte Tributzahlung erfolgte 1947 und die Engländer zogen ab. Die Sultanatsherrschaft wurde das erste Mal für kurze Zeit im Jahre 1953 aufgegeben, und vom Präsidenten Amin Didi wurde eine Republik ausgerufen. Im gleichen Jahr wurde diese Entscheidung wieder rückgängig gemacht, und so dauerte diese nur ein paar Monate. Der Prädident war unschuldigerweise beim Volk in Ungnade gefallen, wurde gestürzt und ver bannt. Beim Versuch, eine Ansprache ans Volk zu halten, wurde er vom Mob mißhandelt und verstarb drei Monate später. Trotz seiner kurzen Präsidentschaft mit traurigem Ausgang blieb der Präsident Amin Didi bis heute bei der Bevölkerung in guter Erinnerung. Er setzte das Wahlrecht für Frauen durch und förderte das Schul- und Gesundheitswesen. Auch die Strafe des Handabhackens für Diebe wurde durch ihn wieder eingeführt.

Im Jahre 1959 versuchten Separatisten die südlichen Atolle als Republik Suvadiva abzuspalten, was jedoch mißlang. Die Dörfer wurden zerstört und die Leute verbannt.
Nach 815 Jahren Sultanat wurde im Jahre 1968 der 93. und letzte Sultan Mohammed Farid gestürzt. Die Malediver wählten durch Volksabstimmung Ibrahim Nasir zum Präsidenten der neuen Republik Malediven. Er förderte den Tourismus, der noch im Anfangsstadium war, und das Land machte wirtschaftliche Fortschritte. Im Jahre 1978 setzte er sich mit unterschlagenen Entwicklungshilfegeldern nach Singapore ab, und seine Amtszeit war damit beendet. Als Nachfolger wurde der damalige Transportminister und Uno-Vertreter Maumoon Abdul Gayoom gewählt, der bis heute Präsident der Malediven ist. Im Jahre 1980 versuchte Ibrahim Nasir, durch einen Putsch mit Hilfe von schweizerischen und österreicherischen Söldnern, wieder an die Macht zukommen. Dank rechtzeitiger Informationen wurde er jedoch verhindert. Ein blutiger, aber mißlungener Umsturzversuch geschah im Jahre 1988, als 68 Sri Lanker und sieben Malediver mit Schnellbooten die Hauptstadt stürmten. Ihre Mission mißlang, und sie flüchteten mit einem gekaperten Frachter und 27 Geiseln. Indische Soldaten kamen den Maledivern in kürzester Zeit zu Hilfe, beendeten den Putschversuch, befreiten die Geiseln und nahmen die Söldner fest. Bei diesem tragischen Vorfall kamen 30 Menschen ums Leben, und sieben Geiseln wurden verletzt. Im ersten Moment wurde Ibrahim Nasir eines neuen Versuchs verdächtigt. Nach genauen Untersuchungen stellte sich jedoch heraus, daß einer seiner Anhänger Abdullah Loutfi der Organisator des Umsturzversuches war. Für die Malediver war dieser seit langer Zeit erste und hoffentlich letzte Überfall ein Schock, auch für die auf den Malediven lebenden Ausländer. In dem sonst so friedlichen und ruhigen Land konnte man den Vorfall gar nicht glauben und begreifen.
So ungläubig reagierte auch der amerikanische Forscher, der zwischen einer Touristeninsel und einer Einheimischeninsel campierte. Während seines Frühstücks besuchte ihn ein aufgeregter Malediver und versuchte ihn hartnäckig zu informieren was passiert ist. Der Amerikaner reagierte so völlig ungläubig wie viele Einheimische in Male, die glaubten, es würde ein Spielfilm gedreht. Er versuchte den inzwischen schon wild gestikulierenden Mann zu beruhigen und ihm gut zuzureden, weil er glaubte, es handele sich um einen armen Verwirrten aus dem Heim für Geistesgestörte von der Einheimischeninsel. Als er etwas später ein indisches Kriegsschiff am Außenriff vorbeiziehen sah, begann er sich doch zu beunruhigen.

TAUCHEN UND SCHNORCHELN

Jeder Taucher "muß" die Malediven einmal betaucht haben. Ein Risiko ist jedoch dabei: Sie werden höchstwahrscheinlich vom Malediven-Virus befallen und auch Ihre nächsten Urlaubsflüge nach Male buchen! (Dies aus meiner persönlichen Erfahrungs-Statistik der immer wiederkehrenden Taucher). Klares und warmes Wasser erwartet Sie für fantastische Tauchgänge oder Schnorcheltouren. Nirgendwo auf der Welt kann man auf so einfachem Weg eine solche Unterwasser-Vielfalt erleben. Die sympathische Crew der Tauchschule auf der jeweiligen Urlaubsinsel wird Sie in das Gebiet einführen und Ihnen Tips geben. Das Wasser hat eine Durchschnitts-Temperatur von 28 °C , und das in allen Sporttauchtiefen. So ist es möglich, auch mal nur im T-Shirt oder drei-mm-Tauchanzug zu tauchen. Auch die Lufttemperatur liegt das ganze Jahr bei 29 °C, nachts sinkt sie nur wenig. Somit brauchen Sie sich beim Kofferpacken keine großen Gedanken zu machen. Große Garderobe kommt bis auf ein paar Luxusinseln gar nicht zum Einsatz, leichte, legere Kleidung ist angesagt. Empfehlenswert ist, einen Trainingsanzug und einen Regenschutz für alle Fälle mitzunehmen! Ihr Badeanzug wird das wichtigste Kleidungsstück sein. Die klarsten Unterwasser-Sichtverhältnisse und die besten Wetterbedingungen sind in der Regel von Dezember bis April während des Nord-Ost Monsums. Von Mai bis November dreht der Monsum auf Süd-West. Das bedeutet wenig sichere Wetterbedinungen, planktonreicheres Wasser und schlechtere Sichtverhältnisse. Aber auch während dieser Zeit scheint meist die Sonne. Ganztägige Regenfälle sind auf den Malediven eine Seltenheit. Außerden haben Sie zu diesem Zeitpunkt gute Chancen zwischen Mantas zu Tauchen oder zu Schnorcheln, und mit viel Glück können Sie vielleicht auch einen der begehrten Walhaie antreffen.

Die Unterwasser-Welt wird streng geschützt. Das Harpunieren ist nicht erlaubt, und jeder Gast, der Muscheln, Korallen oder andere Lebewesen aus dem Meer entwendet, muß mit einer Strafe bis zu US$ 1.000,- rechnen. Diese Verbote haben viel zum Erhalt der intakten Unterwasserwelt beigetragen. Damit die Riffe auch nicht von den Einheimischen geplündert werden, sollten Sie auf keinen Fall Souvenirs aus Muscheln, Schildpatt oder Schwarzer Koralle kaufen. Außerdem sind die meisten von diesem Raubbau betroffenen Lebewesen durch das Washingtoner Artenschutzabkommen auch weltweit geschützt und deren Aus- und Einfuhr strengstens verboten.

Dekompressions-Tauchgänge sind untersagt und auch nicht notwendig. Die maximale Tauchtiefe ist auf 30 m festgelegt, wobei die interessantesten Tauchgänge bis 20 m gehen. Strömungen können manchmal sehr stark werden oder wechseln. Für Taucher kein Problem, da das Tauchboot den Luftblasen folgt und sie nach dem Tauchgang wieder auffischt. Dies sind Tauchgänge, die sehr viel Spaß machen, zumal sie auch recht bequem sind und dabei oft Großfische anzutreffen sind. Schnorchler sollten sich bei Strömungen sowie in ruhigem Wasser an die Taucherregel halten und nie alleine sondern nur zu zweit unterwegs sein. Schnorcheln Sie immer zuerst gegen die Strömung, damit Sie wieder leicht zu Ihrem Ausgangspunkt zurückkommen. Empfehlenswert ist die Benutzung einer Tarierweste, die für Taucher vorgeschrieben ist.

Gefährliche Lebewesen gibt es auf den Malediven nicht. Natürlich gibt es einige mit giftigen, stechenden oder nesselnden Abwehr- und Verteidigungswaffen, von denen sie in Bedrängnis notfalls Gebrauch machen würden. Allgemein gilt die Regel, daß alle Lebewesen respektiert und Unbekanntes nicht berührt werden soll. Die seltenen Verletzungen erfolgen fast ausschließlich durch Selbstverschulden, da die Lebewesen uns nie von sich aus angreifen würden. Mit dem nötigen Respekt, der angemessenen Vorsicht und dem Interesse für die Unterwasserwelt besteht in dieser Hinsicht auf den Malediven keine Gefahr.

Äußerst gefährlich ist die Sonne, und Schutzmaßnahmen sind dringend empfohlen. Vor allem beim Schnorcheln sollten Sie die sonnenempfindliche Haut gut schützen. Mindestens ein T-Shirt und Kopfschutz sind unerläßlich. Mit einem Pyjama ins Wasser zu steigen mag wohl ungewohnt und lustig aussehen, es ist aber sehr zweckmäßig.

DER LEBENSRAUM UNTER WASSER

PHOTOSYNTHESE

Wie die Pflanzen auf den Kontinenten, so sind die Algen die Sauerstoffproduzenten der Gewässer unseres Planeten. Alle Pflanzen und Algen können, bei genügend Lichteinfall, mit Hilfe des Farbstoffes Chlorophyll Photosynthese durchführen. Aus Kohlendioxid und Wasser entsteht im Verlaufe dieses chemischen Prozeßes Traubenzucker und Sauerstoff. Weltweit sind die Algen die wichtigsten Sauerstoffproduzenten. Ohne den Sauerstoff, der im Rahmen der Photosynthese produziert wird, wäre größtenteils kein organisches Leben möglich, und daher kommt diesem chemischen Prozeß zentrale Bedeutung zu. Somit ist diese Tatsache in der heutigen Zeit grundlegende Überlegungen und vor allem Taten wert, wenn wir und auch die nächsten Generationen weiter leben wollen.

Unter Wasser haben Pflanzen ganz andere Erscheinungsformen als auf den Kontinenten und werden deshalb oft übersehen. Bedenkt man jedoch, daß der Anteil der Pflanzen an der Gesamtbiomasse über und unter Wasser derselbe ist, fragt man sich, wo denn all die Pflanzen unter Wasser versteckt sind!
Der mengenmäßig größte Anteil gehört zum Phytoplankton, treibt im Wasser und ist meist mit bloßem Auge nicht zu erkennen. Taucher oder Schnorchler können die gras- oder moosähnlichen Algen im Riff gut finden, obwohl sie nicht sehr groß werden. Andere Algen leben im Korallenkalk und sind für uns nicht sichtbar ohne den Korallenstein zu brechen. Sie wären in diesem Falle als gefärbte Schicht unter der Oberfläche zu erkennen.
Für uns ebenso unsichtbar sind die Algen, die Zooxanthellen genannt werden und unter anderem in den Polypen der riffbildenden, schnellwachsenden Korallenarten leben. In diesem Falle handelt es sich um eine obligate Form des Zusammenlebens, um eine sogenannte Endosymbiose. Zusätzlich zur Nahrungsaufnahme von Zooplankton leben diese Korallenpolypen von dem von den Algen produzierten und ausgeschiedenen Traubenzucker. Die Auswirkungen dieser Endosymbiose erklären ihr schnelles Wachstum. Die Algen profitieren als Gegenleistung von ihrem in den Korallenpolypen geschützen Wohnraum mit idealen Lebensbedingungen. Das Wasser im Indischen Ozean ist meist so klar, daß es am Riff unter besonders günstigen Umständen sogar bis in 60 m Tiefe zu einer Photosynthese ausreicht.
Die Geschwindigkeit des Korallenwachstums wird hauptsächlich durch die Menge des Lichtes bestimmt, die in das Wasser eintritt und die Korallenkolonien erreicht. Schnellwachsende Korallenarten gedeihen daher meist nur in flachen Riffregionen.
Eine interessante Erscheinung für den Taucher im direkten Zusammenhang mit der Verminderung der Lichtstärke unter Wasser ist der zunehmende Verlust des Farbensehens in der Tiefe. Weißes Licht, beispielsweise Sonnenlicht, setzt sich für uns nicht direkt ersichtlich aus vielen verschiedenen Farben zusammen. Sie werden vom Wasser mit zunehmender Tiefe nach und nach absorbiert und sind dadurch im Riff auch nicht mehr erkennbar. Das bedeutet: ein tiefer Tauchgang läßt die Korallenriffe immer eintöniger und blasser erscheinen; es sei denn es werden Unterwasserlampen eingesetzt, in deren Schein das Riff wieder in voller Farbenparcht leuchtet. Bedenkt man, daß Rot normalerweise schon bei 5 m Wassertiefe absorbiert ist, erscheint die Anschaffung einer guten Lampe für alle Taucher sehr lohnend.
Neuerdings werden auch Tauchermasken mit speziellen Gläsern angeboten. Diese sollen den Verlust des Farbsehens verhindern oder vermindern und das Riff auch ohne Lampe farbenreicher erscheinen lassen!

Schnellwüchsige Tischkoralle aus der Gattung Acropora

PLANKTON

Das Wort Plankton bedeutet "das Dahintreibende". Es besteht aus pflanzlichen und tierischen Organismen, die im Jugendstadium, einige auch ihr ganzes Leben, im freien Wasser treiben. Darunter stellt man sich sehr kleine Lebewesen vor, was jedoch nicht immer der Fall ist. So gehören beispielsweise auch die über 10 cm langen, von den Walen gefilterten Krebstiere zum Plankton.

Plankton ist die Nahrung vieler Tiere im Meer und die erste Stufe einer der wichtigsten Nahrungsketten überhaupt. Man unterscheidet grundsätzlich die pflanzlichen (Phytoplankton) und die tierischen (Zooplankton) Planktonorganismen. Zooplankton ernährt sich von Phytoplankton und wird wiederum von vielen jungen oder kleinen Fischen gefressen. Diese Fische werden von größeren Räubern gejagt, und am Schluß der Kette steht der Mensch. So ist es schon mal möglich, daß irgendwelche Schadstoffe über all diese Stationen einen Fischliebhaber erreichen und ihm Schaden zufügen können. Somit erkennen wir immer wieder die Tatsache, wie wichtig der Schutz unserer Umwelt ist. Umsomehr, als unsere Weltmeere riesige Vorratskammern für die stets wachsende Weltbevölkerung darstellen. Das können sie nur bleiben, wenn sie nicht vorher ausgebeutet und vergiftet werden!!

Die Richtung der Fortbewegung vom Plankton hängt von der Strömungsrichtung ab. Das Zooplankton verfügt außerdem über eine eigene, lichtabhängige vertikale Beweglichkeit. In den wenig tiefen Riffgebieten, wo vorwiegend nachtaktive, riffbildende Korallenpolypen leben, ist der Zooplanktongehalt des Wassers während der Dämmerung und in der Nacht am höchsten. Tagsüber sinkt das Zooplankton in tiefere Wasserregionen. Dort lassen sich eher tagaktive Korallenpolypen und andere Planktonfresser nieder.

Rippenqualle
Krebslarve
Schirmqualle

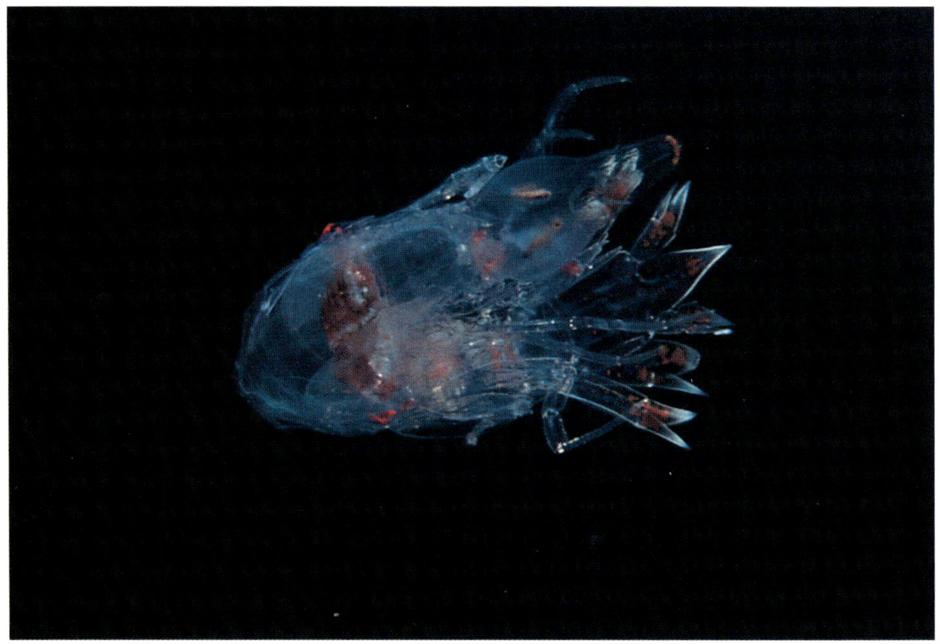

Plankton als Nahrungsquelle

Es existiert eine aktive und eine passive Filtermethode zur Nahrungsaufnahme von Plankton oder Schwebeteilen. Zu den aktiven Filtrierern gehören unter anderem die sogenannten Strudler. Sie können ihr Nahrungsangebot durch Aktivität beeinflussen, da sie ihre eigene Strömung erzeugen können. Passive Filtrierer dagegen sind von Planktonkonzentration und Strömungsstärke des Wassers abhängig .

Aktive Filterer

Die aktive Filtermethode wird beispielsweise von Schwämmen, Seescheiden und Muscheln benutzt, indem sie fortlaufend Wasser durch sich hindurchstrudeln und filtern.
Auch Walhaie, die größten Fische, sowie die Manta-Rochen, die sich beide erstaunlicherweise von den kleinsten Meerestieren ernähren, können dieser Gruppe zugeteilt werden. Sie schwimmen mit weit geöffnetem Maul durch das Meer und filtern so das Plankton aus dem Wasser.

Passive Filterer

Diese Filtermethode wird von Tieren benutzt, die sich meist nur an Orten mit Wasserbewegung niederlassen (z.B. Haarsternen, Röhrenwürmern, Korallenpolypen). Mit ihren ausgestreckten Tentakeln fangen sie das vorbeitreibende Plankton ein.

KORALLEN

An was denken Sie, wenn Sie das Wort "Koralle" hören? An die Schmuckauslagen mit Edelkorallen-Ketten oder Souvenirs aus Schwarzer Koralle, an die vielfältigen Skelette von Kleinstlebewesen oder an Korallenriffe?
Die Definition dieses Wortes ist nicht ganz klar, und es ist nicht immer leicht, die vielzähligen Angehörigen dieser Gruppe in den unterschiedlichsten Erscheinungsformen als so enge Verwandte zu erkennen und zu begreifen. Unter Korallen versteht man meist die Kolonien der Steinkorallenpolypen. Diese Arten sind hauptsächlich für den Riffbau verantwortlich, und sie gehören zum Stamm der Nesseltiere.
Erst im 18. Jahrhundert wurden die Korallenpolypen als Tiere erkannt. Durch ihre sackförmige Gestalt und den mit Tentakeln umringten Mund sehen die vielarmigen Lebewesen kleinen Anemonen oder Tintenfischen ähnlich. Letztere wurden zu Aristoteles' Zeit Polypus benannt, und so kamen die Korallenpolypen zu ihrem Namen. Sie wachsen im kolonialen Verbund, teilweise auch als Einzelpolyp. Viele leben in einem immer größer wachsenden Horn- oder Kalkskelett, das in verschiedensten Formen von den Polypen gebildet wird. Einige Arten bilden keine Skelette. Alle Korallenpolypen ernähren sich von Zooplankton, und viele sind nachtaktiv. Tagsüber ziehen sie sich in ihr schützendes Skelett zurück, und während der Nacht strecken sie ihre Tentakel aus. Ihren Namen verdanken sie ihren Nessel- und Klebekapseln, mit denen sie ihre Nahrung, das tierische Plankton, aus dem vorbeiströmenden Wasser "fischen".
Wie die Regenwälder bieten die Korallenriffe durch ihre vielfältige Struktur unzähligen Lebewesen einen Lebensraum. Durch die Vielgestaltigkeit des Riffes haben sich im Verlaufe der Evolution ebenso unterschiedliche wie interessante Lebewesen entwickelt, die sich ihrem jeweiligen Lebensraum und dessen Bedingungen angepaßt haben.

Je nach Lebensraum siedeln sich unterschiedliche Korallenarten an. In flachen und wenig tiefen Lagunenbereichen oder an strömungsarmen Hausriffen werden Sie vorwiegend die leicht zerbrechlichen Arten, wie Geweihkorallen finden. Diese hätten an strömungsstarken Lagen keine Überlebenschancen. Den bräunlichen Lederkorallen und den in den schönsten Pastellfarben wachsenden Weichkorallen kann auch die stärkste Strömung nichts anhaben, und daher sind Gebiete mit diesen Bedingungen ihr bevorzugter Lebensraum.
Die Wichtigkeit der Existenz dieser meist sehr kleinen Tiere wird oft unterschätzt! Durch ihre Koloniebildung und Ablagerungen entstehen in vielen Jahrhunderten und Jahrtausenden Riffe in riesigen Dimensionen. Das größte von diesen Kleinstlebewesen errichtete Bauwerk ist das Barriereriff in Australien mit über 2.000 km Länge.
Auch die Malediven würden ohne diese fleißigen Korallenpolypen gewiß nicht existieren.

Geweihkoralle (Acropora sp.)
Rasenkoralle (Galaxea fascicularis)
Sternkoralle (Goniastrea sp.)
Hirnkoralle (Platygyra daedalea)

FISCHE

Als Folge der vielfältigen Lebensräume in den maledivischen Riffen herrscht ein unübertreff-licher Reichtum von Fischen und anderen Lebewesen. Abhängig von den verschiedenen Lebens- und Ernährungsweisen, Lebensräumen und zeitlicher Aktivität haben sich Fische mit sehr unterschiedlichem Sozialverhalten, Aussehen und Aktivitätszeit entwickelt. Daß ihr Aussehen dem Lebensraum und den Freßgewohnheiten angepaßt ist, kann man beispielsweise gut beim Pinzettfisch mit seinem sehr langen, röhrenartigen Maul erkennen. Mit diesem sichert er sich seine Nahrung aus Ritzen und Spalten, die anderen Fischen unzugänglich ist.
Fische haben zwei verschiedenartige Muskelgewebe, deren anteilmäßige Aufteilung jeweils dem Schwimmverhalten angepaßt ist. Das rote Muskelfleisch liegt unter der Haut und entlang der Wirbelsäule. Permanent schwimmende Fischarten (z.B. Thunfische) besitzen größere Mengen dieser roten Muskulatur. Es ermöglicht ihnen lange, ausdauernde Schwimmkraft. Arten mit geringer Schwimmaktivität haben mehr weißes Muskelfleisch, das anteilmäßig immer stark überwiegt. Dieses weiße Muskelfleisch ermöglicht den Fischen zwar schnelle Sprints, jedoch keine ausdauernden Schwimmleistungen.
Einige Fische sind dämmerungs- oder nachtaktiv. Sie schlafen tagsüber in ihren Verstecken, da auch ihre Beute nach diesem Zeitrhythmus lebt. Es existieren Einzelgänger, lebenslang unzertrennliche Pärchen sowie Fische mit speziellen zwischenartlichen Beziehungen. Diese speziellen Lebensgemeinschaften werden im nächsten Kapitel näher erläutert.

Schwarmbildende Fische erscheinen ihren räuberischen Feinden als großer Schatten, und es besteht weniger Gefahr, angegriffen zu werden. Den Räubern fällt es auch schwer, ein Opfer in der Menge genau anzuvisieren, was Voraussetzung für eine erfolgreiche Jagd ist. Die Gruppen werden immer von Fischen der gleichen Alters- und Größenklasse gebildet. Außerdem spart das Gruppenschwimmen Energie. Wohl nicht die vorab schwimmenden

Großer Krötenfisch (Antennarius commersonii)
Einfleck-Schnapper (Lutjanus monostigma)

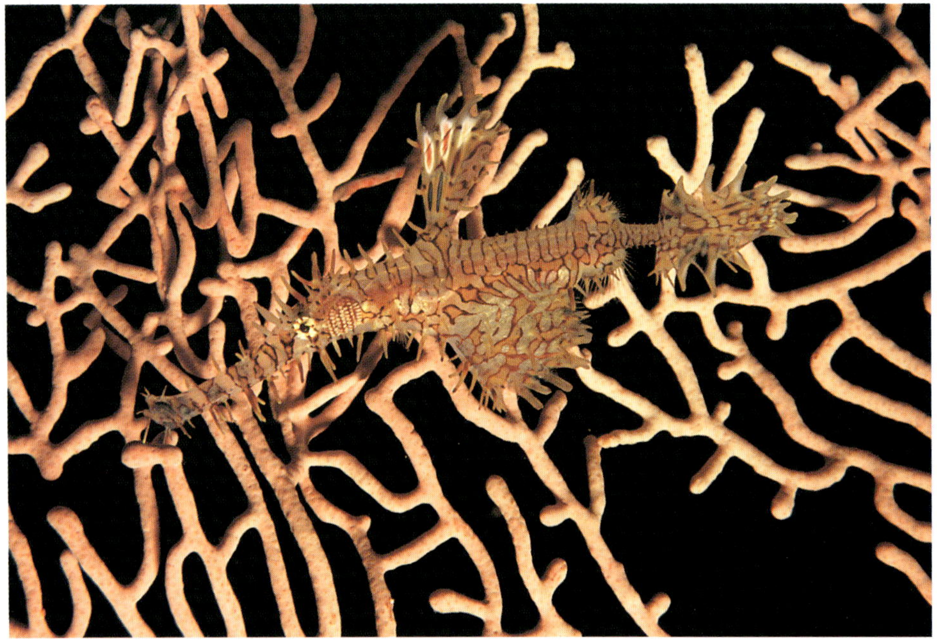

Fische, jedoch die nachfolgenden erfahren dadurch eine Verminderung des Wasserwiderstandes. Sie finden im Schwarm leichter Futter, und auch für die Paarung bringt er Vorteile. Interessant sind die simultanen Richtungsänderungen des ganzen Schwarmes.

Das Seitenlinien-Organ ist als punktierte Seitenlinie beidseits entlang der Flanken der Fische häufig erkennbar. Es befähigt die Fische zur Wahrnehmung von feinsten Druckwellen und ist dadurch für die Orientierung in ihrem Lebensraum sehr wichtig. Es dient häufig der Futtersuche (Haie) oder auch um Hindernissen oder Feinden auszuweichen.
Die meisten Fische verfügen über eine Schwimmblase, die nach dem gleichen Prinzip des Tauchjackets funktioniert. Durch das höhere spezifische Gewicht des Fischkörpers als das des Wassers, würde der Fisch absinken. Die gasgefüllte Schwimmblase wirkt diesem Effekt ent gegen, und mittels verschiedener Mechanismen zur Gasregulierung hält der Fisch seine neutrale Schwimmlage in der jeweiligen Tiefe.

Eine interessante Beobachtung kann man in Höhlen oder an Überhängen machen, wo man Fische auf dem Rücken schwimmend antreffen kann. Ein Faktor dieses Verhaltens mag unter anderem der der sogenannte Licht-Rücken-Reflex sein. Durch den orientieren sich die Fische nach dem Licht, das vom hellen Sandboden reflektiert wird oder einfach vom Höhleneingang in diese dunklen Ecken einfällt. In der Schwerelosigkeit ihres nassen Elementes halten die Fische ihre Schwimmposition prinzipiell mit dem Rücken gegen die Lichteinstrahlung und den Bauch gegen die Dunkelheit. Dabei stört es sie nicht, wenn es die Höhlenwand oder -decke ist, und sie somit in Seiten- oder Rückenlage schwimmen.
Einige Meereslebewesen sind positiv fototaktisch, das heißt sie reagieren auf eine Lichtquelle, sodaß sie sich dieser annähern. Während der Nacht nutzen Fischer dieses Verhalten und locken so Fische zur Wasseroberfläche. Dort können diese leicht abgefischt werden.

Geisterpfeifenfisch (Solenostomus sp.)
Grauer Riffhai (Carcharhinus amblyrhynchus) mit Schiffshalter (Echeneis naucrates) und Schwarzgoldener Pilotmakrele (Gnathanodon speciosus)

LEBENSGEMEINSCHAFTEN

Bei einer solchen Vielfalt an Lebewesen haben sich unterschiedliche Formen des Zusammenlebens entwickelt. Grob unterscheiden wir dabei drei Grundtypen von Lebensgemeinschaften, zwischen denen es teilweise auch fließende Übergänge gibt.
Die uns wohl bekannteste Lebensgemeinschaft ist die Symbiose durch die beide Partner profitieren. Bei einer Karpose genießt nur einer der Partner Vorteile, jedoch ohne dem anderen zu schaden, und beim Parasitismus wird ein Partner geschädigt, während der andere dadurch Vorteile hat.
Eine solche Lebensgemeinsschaft, in der die Partner zwingend aufeinander angewiesen weil sonst nicht überlebensfähig sind, wird als obligat bezeichnet. Das trifft auch zu, wenn nur einer der Partner davon abhängig ist. Die Lebensgemeinschaft wird als fakultativ bezeichnet, wenn beide Partner auch ohne einander lebensfähig sind.
Symbiosen kann man sehr gut bei den in Anemonen lebenden Anemonenfischen, bei den in Gesellschaft von Garnelen lebenden Grundeln, sowie bei Putzerfischen und ihren Wirtsfischen beobachten.
Putzerstationen sind für die Hygiene und die Gesundheit der Wirtsfische eine unentbehrliche Einrichtung auf die ich an dieser Stelle ganz besonders eingehen möchte.
Als Schnorchler oder Taucher kann man oft die scheinbar todesmutigen Gewöhnlichen Putzerfische aus der Familie der Lippfische beobachten. Sie stürzen sich in die Rachen ihrer "Kunden", zu denen auch die größten Raubfische zählen. Manchmal besetzen mehrere Exemplare eine Putzerstation als "Service Team". Bei Hochbetrieb stehen die unterschiedlichsten Fischarten Schlange, um sich von Ektoparasiten, Bakterien oder abgestorbenem Gewebe reinigen zu lassen. Die Gewöhnlichen Putzerfische haben sich auf diese Art der Nahrungsaufnahme spezialisiert und sind ortstreu. Durch eine auffällige und wippende Schwimmart zeigen sie ihre Verfügbarkeit an, um Putzklienten anzulocken. Diese zeigen ihr Bedürfnis durch die unterschiedlichsten Verhaltensweisen. Einige Fische wechseln die Farbe, sie werden hell, wodurch die Parasiten besser erkennbar sind. Andere öffnen den Mund oder spreizen die Kiemendeckel ab, stellen sich auf den Kopf oder legen sich auf die Seite. Ihr Jagdinstinkt ist angesichts der Putzerfische und während ihres tranceartigen Verharrens total lahmgelegt, und die Putzerfische scheuen vor keiner Kiemen-, Rachen- oder Zahnreinigung zurück. Will der Putzklient wieder weiterschwimmen, zeigt er dies durch eine ruckartige Bewegung an, und der eifrige Putzerfisch läßt wieder von ihm ab. Ohne diese "Reinigungsbetriebe" würden die Fische schon bald an Pilzbefall und anderen Hautkrankheiten leiden.
Nun gibt es aber auch Fische, die von dem Friedensvertrag profitieren, indem sie sich mit ähnlichem Farbkleid und gleichem Wippschwimmen den ahnungslosen, reinigungsbedürftigen Fischen nähern, um ihnen dann hinterlistig und räuberisch Hautstücke wegzubeißen. Der Falsche Putzerfisch und der Blaustreifen-Säbelzahn-Schleimfisch aus der Familie der Schleimfische imitieren zu diesem Zwecke den Gewöhnlichen Putzerfisch.
Bei Nachttauchgängen sieht man viele Putzergarnelen, die die tagaktiven Putzerfische für die "Nachtschicht" ablösen. Sie gesellen sich mit Vorliebe zu Muränen und ziehen oft gleich in deren Wohnhöhlen ein.
Es existierten lange Zeit geteilte Meinungen, ob die Schiffshalter wirklich die größten Putzer (Symbiose) sind, oder ob sie sich nur von Mantas, Walhaien oder anderen großen Fischen transportieren lassen, ob es sich also um eine kommensale Lebensgemeinschaft handelt. Durch Magenuntersuchungen weiß man heute aber genau, daß Schiffshalter ihre Wirte tatsächlich von Parasiten befreien. Auch an Schiffen saugen sie sich manchmal mit ihrer speziellen Saugscheibe fest, daher auch ihr Name. Trifft man einen freischwimmenden Schiffshalter, so ist er sicher auf der Suche nach einem neuen Transportmittel (mit Verpflegung), wobei er auch Taucher oder Schnorchler nicht verschmäht. So hat mich einmal ein kleiner Schiffshalter bis ins knöcheltiefe Wasser vom Schnorcheln zurückbegleitet. Beim Tauchen machten wir auch einmal den Versuch und ließen ihn ankuppeln; das Resultat waren ein Knutschfleck und viel Gelächter.
Die Anemonenfische würden ohne den Schutz ihres Symbiose-Partners, der Anemone, schon rasch ihren Freßfeinden zum Opfer fallen. Sie sind gegen die nesselnden Tentakel der Anemone immun, und der für die meisten anderen Fische stark nesselnde Tentakelwald bietet ihnen einen sicheren Unterschlupf. Als Gegenleistung verteidigen sie die Anemone hartnäckig gegen deren Freßfeinde. Auch größere Fische können sie nicht einschüchtern, und sie greifen mutig an. Jede Anemone wird jeweils von nur einem größeren Weibchen bewohnt, das ein oder mehrere kleinere Männchen tyrannisiert. Ihre Geschlechtsumwandlung

▶▶ **Malediven-Anemonenfisch (Amphiprion nigripes) mit Anemone (Heteractis magnifica)**
▶▶ **Wächtergrundel (Amblyeleotris periopthalmus) mit Pistolenkrebs (Alpheus sp.)**
▶▶ **Partnergarnele (Periclimenes sp.) auf Anemonenententakel**
▶▶ **Gorgonien-Zwerggrundel (Bryaninops amplus) auf Dörnchenkoralle (Antipathes sp.)**
▶▶ **Putzergarnele (Stenopus hispidus) am Maul einer Riesenmuräne (Gymnothorax javanicus)**

findet nicht, wie bei anderen Fischen, in einer bestimmten Altersphase statt, sondern je nach Bedarf. Stirbt ein Weibchen oder fällt es einem Freßfeind zum Opfer, kommt es zu einem harten Ringkampf unter den Männchen. Das ranghöchste schmilzt seine männlichen Keimdrüsen ein, nimmt an Größe und Gewicht deutlich zu und ist nach ca. vier bis neun Wochen in der Lage, befruchtungsfähige Eier zu produzieren.
Es hat sich also zu einem voll funktionsfähigen Weibchen entwickelt und unterdrückt, genau wie das vorherige Weibchen, seine Männchen. Die Frauen haben bei Anemonenfischen unbestreitbar das absolute Sagen. Interessanterweise bleibt ein Männchen so lange Männchen wie es durch agressive Haltung eines stärkeren Tieres unterdrückt wird. Erst wenn dieses Unterdrückung wegfällt, kann es sich zum Weibchen umwandeln, und dies ist logischerweise nur dann möglich, wenn es das stärkste ist. Diese Umwandlung kann aber auch wieder rückgängig gemacht werden. Im Falle, daß zwei Weibchen in einer Anemone aufeinander treffen, wandelt sich das kleinere und schwächere in kurzer Zeit wieder in ein Männchen um. Der biologische Sinn liegt auf der Hand, da die Anemonenfische auf den Schutz der Anemone so stark angewiesen sind, daß sie es sich nicht leisten können, diese zur Suche einer anderen zu verlassen, nur weil sie statt eines Geschlechtspartners einen Geschlechtsgenossen angetroffen haben.
Eine spezielle und gleichzeitig die engste aller möglichen Symbioseformen ist die Endosymbiose. Man findet sie beispielsweise bei riffbildenden Korallenpolypen, die in enger Gemeinschaft mit Algen (Zooxanthellen) leben. Diese Lebensgemeinschaft ist für den Aufbau und die rasche Reparatur des Riffes unerläßlich, weil durch sie ein um ein Vielfaches beschleunigtes Wachstum ermöglicht wird.
Die weitaus größte Zahl der Lebensgemeinschaften bringen nur einem Partner Vorteile, ohne daß der andere geschädigt wird. Es handelt sich hierbei um die Karposen, bei denen oft auch eine Tendenz zu Parasitismus oder Symbiose zu beobachten sind. Typisches Merkmal dieser Lebensgemeinschaft ist, daß sie auf den normalerweise "unbeteiligten" Partner zwar Auswirkungen hat, diese aber nicht als eindeutiger Vor- oder Nachteil angesehen werden. Als Entökie bezeichnet man Karposen, bei denen sich ein Partner in nach außen offenen Körperhöhlen des anderen aufhält und es sich dort gut gehen läßt. Besonders geeignet sind dafür Körperhöhlen, die ständig mit Frischwasser und Nahrung versorgt werden. Aus diesem Grund findet man entöke Organismen meist in Körperhöhlen von Schwämmen, in Mantelhöhlen von Muscheln und Schnecken, in Kiemenräumen von Krebsen und Seescheiden, auch in der Wasserlunge von Seegurken. Dort werden sie durch die Wasserzirkulation ständig mit Sauerstoff und oft auch mit planktonischer Nahrung versorgt. Beides wird von ihrem Wirt, meist auch zur eigenen Versorgung, ständig herbeigestrudelt.
Der Nadelfisch (Fierasfer acus), der in der Wasserlunge von verschiedenen Seegurken lebt, hat den Übergang von einer entöken Lebensgemeinschaft zum Parasitismus vollzogen. Er begnügt sich nicht mehr mit der Wohngelegenheit mit automatischer kulinarischer Versorgung, sondern er schädigt seinen Wirt, indem er sich von seinen Geschlechtsdrüsen ernährt.
Überraschend viele entöke Kleinstlebewesen wurden in untersuchten Schwämmen festgestellt. Es wurden unvorstellbare Mengen von kleinen "Hotelgästen", hauptsächlich Kleinkrebsen, gefunden, die durch ihre Anzahl jeden Besitzer eines touristischen Wohnsilos vor Neid hätten erblassen lassen.
Eine weitere Form der Karpose ist der Symphorismus. Hierbei siedelt sich einer der beiden Partner dauerhaft auf der Oberfläche des anderen an. Einmal als festsitzender Symphoriont, wie beispielsweise Seepocken auf Walen, oder als frei beweglicher Symphoriont, wie zum Beispiel Zwerggrundeln, die auf verschiedenen Peitschenkorallen leben.
Eine dritte Form der Karpose, bei der sich ein Partner in unmittelbarer Nähe des anderen aufhält, ohne jedoch in seine Wohnung einzuziehen, wird als Parökie bezeichnet. Es handelt sich meist um eine Art Nachbarschaftsverhältnis, die einem der Beteiligten endweder Schutz oder Nahrung bietet. Die Parökie kann man bei den Quallen und deren begleitenden Jungfischen beobachten. Wie eine Wolke umschweben die Jungfische ihren Partner, und bei der geringsten Gefahr verkriechen sie sich zwischen seine Tentakel.
Ein Sonderfall der Parökie stellt die Tischgemeinschaft dar, die auch als Kommensalismus bezeichnet wird. In dieser Art von Lebensgemeinschaft leben die Meerbarben und Stachelrochen mit deren Begleitfischen, die "am selben Tisch mitessen".
Beim Parasitismus lebt der Parasit stets auf Kosten seines meist deutlich größeren Wirtes. Dieser wird oft arg in Mitleidenschaft gezogen, geschädigt, manchmal sogar getötet. Dies geschieht jedoch nicht mit Absicht, denn ein toter Wirt ist völlig wertlos geworden. Ihr Ziel, möglichst lange auf Kosten ihres Wirtes zu leben, unterscheidet sie von den Räubern. Parasiten schmarotzen im Körper des Wirtes (Endoparasiten) oder auf seiner Körperoberfläche (Ektoparasiten,) manchmal dauerhaft, manchmal nur kurzzeitig. Immer findet jedoch eine Schädigung des Wirtes statt.

DIE LEBEWESEN UNTER WASSER

PFLANZEN

Das den höheren Pflanzen zugehörige Seegras ist auf den Malediven verhältnismäßig wenig vertreten. Die Algen machen den größten Teil der Pflanzen in tropischen Meeren aus.
Dennoch sind die Seegraswiesen für viele Lebewesen ein unentbehrlicher Schlupfwinkel. Nehmen Sie sich einmal die Zeit, und durchstreifen Sie eine solche Untewasser-Wiese mit großer Aufmerksamkeit! Bei intensiver Betrachtung wird sie sich als äußerst interessanter Tauch- oder Schnorchelgrund entpuppen. Die Seegraswiesen dienen vielen Jungtieren als Kinderstube und gelten als Lieblingsplatz vieler gut getarnter und seltener Unterwasserlebewesen wie Seepferdchen, Geisterpfeifenfische oder Seenadeln.
Die Seegräser sind die einzigen im Meer lebenden Blütenpflanzen und wachsen vorwiegend in flachen Lagunenbereichen. Mit ihren Wurzeln sind sie fest im Sediment verankert. Durch ihre überwiegend bandförmigen Blätter bilden sie wiesenartige Flächen unter Wasser.
Ist das Wasser organisch verschmutzt, tritt eine Stickstoffübersättigung ein, die wie Dünger auf das Wachstum von Algen wirkt. Das kann an einem solchen Platz zur übermäßigen Algenbildung und zu starker Schädigung der Seegraswiesen führen. Nicht selten kann an solchen Plätzen eine total veralgte und zum Teil abgestorbene Seegraswiese beobachtet werden.
Wie bereits erwähnt, ist jedoch der weitaus größte Anteil der Pflanzen als pflanzliches Plankton (Phytoplankton) vertreten und treibt als kleine Schwebeteile im Wasser. Unmengen von Pflanzen leben auch als Algen in der oberen Schicht des Korallenkalkes verborgen oder als Algen (Zooxanthellen) in Endosymbiose mit Korallenpolypen. Diese symbiontischen Zooxanthellen sind außerdem auch in vielen anderen Lebewesen wie Schwämmen, Plattwürmern und Weichtieren vertreten und nicht zu erkennen. Sie sind mikroskopisch klein und leben im Gewebe ihrer Lebensgemeinschaftspartner.
Oft übersehen werden die krustenbildenden, unscheinbaren Rotalgen, die für den Riffbau unentbehrlich sind. Sie "zementieren" das Korallengeröll, die abgestorbenen Kolonien und die Sedimentstücke durch ihre Kalkabscheidung zu hartem Riffgrund. Ihre grau- bis rosafarbigen Krusten sehen sehr unscheinbar und leblos aus. Diese Pflanzen sind jedoch für die Stabilisation des Riffes äußerst wichtig.
Auf dem Riff kann man auch gut sichtbare grüne Algen antreffen. Diese Algenarten sind zahlreich, werden jedoch ebenfalls sehr oft übersehen. Weil sie meistens abgeweidet werden, haben sie keine Möglichkeit sich breitflächig anzusiedeln oder zu entwickeln. Das moosähnliche "Schildkrötengras" ist wohl eine der bekanntesten Arten und gilt als Lieblingsspeise der Schildkröten.
Die blättchenbildende Pfennigalge (Halimeda) ist ein bedeutender Sandproduzent im Riff. Eine ungewöhnliche Erscheinung bietet die kugelförmige, silbergraue Blasenalge. Viele Taucher oder Schnorchler haben sich wohl schon gefragt, wo sie dieses "komische Ei" einordnen sollen.
Haben Sie am Strand auch schon einmal einen Nachtspaziergang gemacht und leuchtende Partikel in der Brandung entdeckt? Oder haben Sie dieses faszinierende Leuchtspiel in dem Fahrwasser des Bootes auf einem Nachttransfer oder bei der Rückfahrt vom Nachttauchgang gesehen? Auch hier handelt es sich um eine einzellige Algenart, die als Leuchtalge bezeichnet wird und zum Leuchtplankton gehört.

Grünalge
Blasenalge
Schildkrötengras, ebenfalls eine Grünalge

STAMMBAUM DER MEERESTIERE

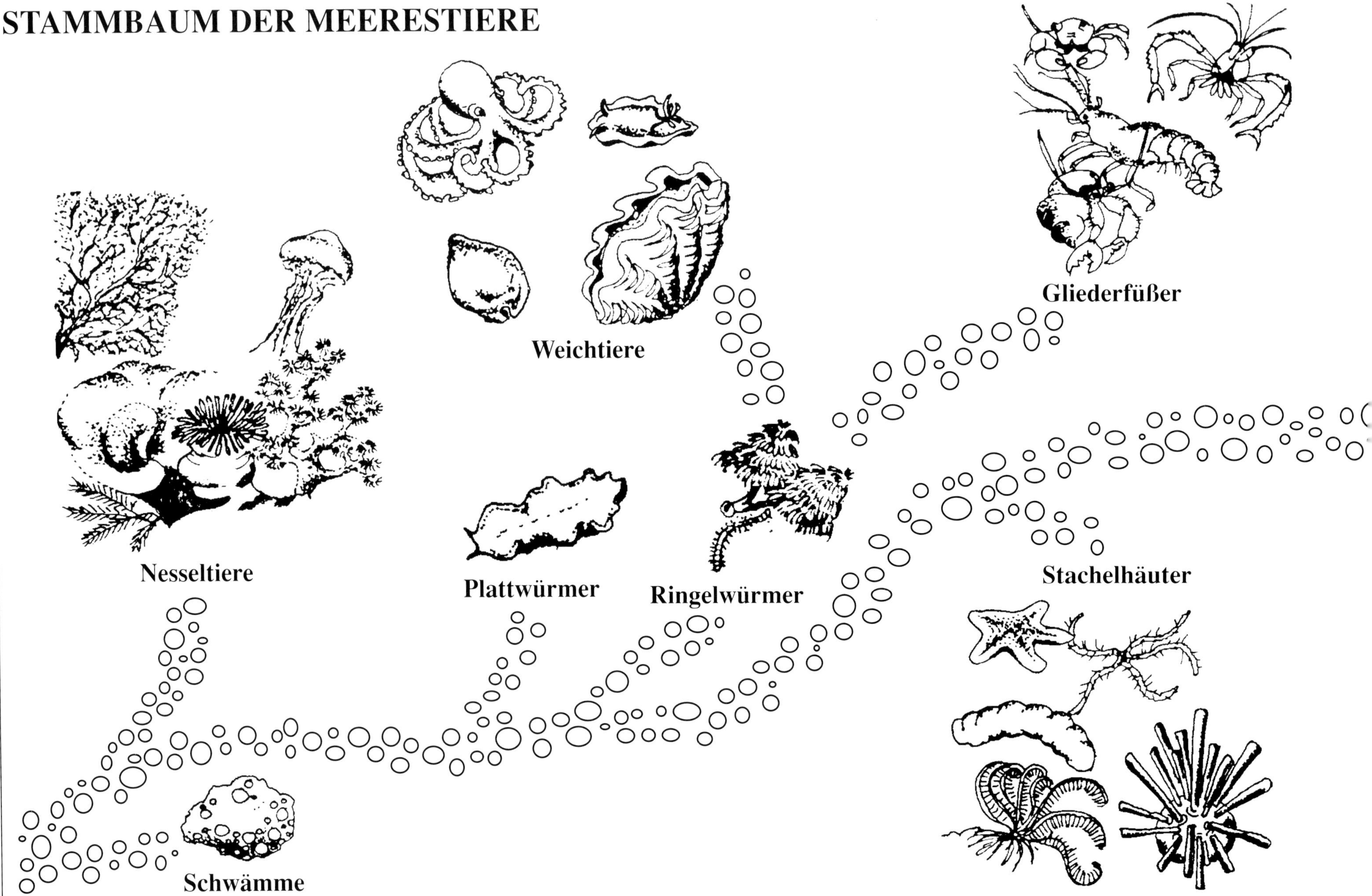

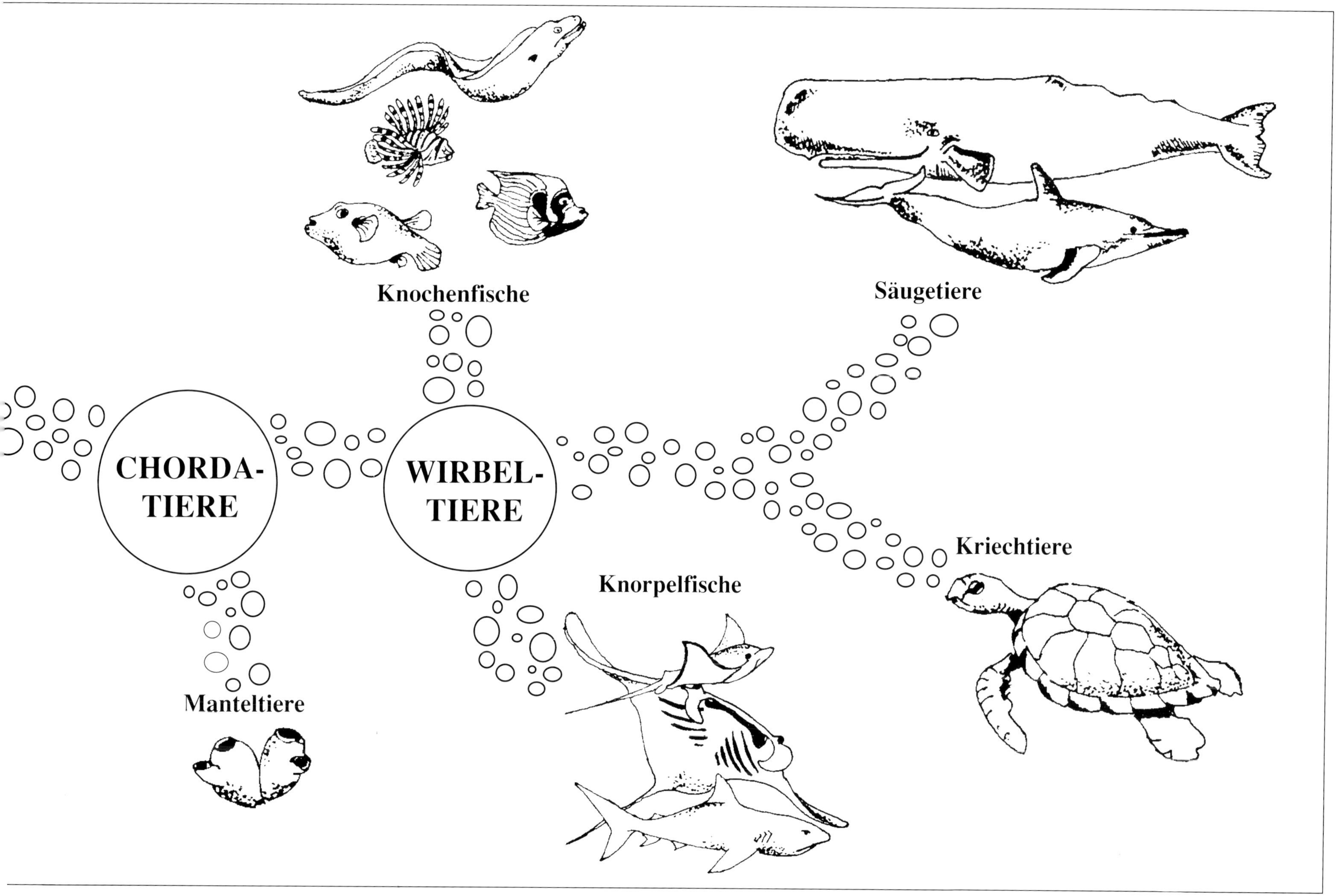
Knochenfische
Säugetiere
CHORDA-
TIERE
WIRBEL-
TIERE
Kriechtiere
Knorpelfische
Manteltiere

WIRBELLOSE TIERE - INVERTEBRATA

Stamm | **Klasse**

- **Schwämme - Porifera**

- **Nesseltiere - Cnidaria**
  - Hydrozoen - Hydrozoa
  - Schirmquallen - Scyphozoa
  - Würfelquallen - Cubozoa
  - Blumentiere - Anthozoa

- **Plattwürmer - Plathelminthes**
  - Strudelwürmer - Turbellaria

- **Ringelwürmer - Annelida**
  - Vielborster - Polychaeta

- **Weichtiere - Mollusca**
  - Schnecken - Gastropoda
  - Muscheln - Bivalvia
  - Kopffüßer - Cephalopoda

- **Gliederfüßer - Arthropoda**
  - Krebstiere - Crustacea

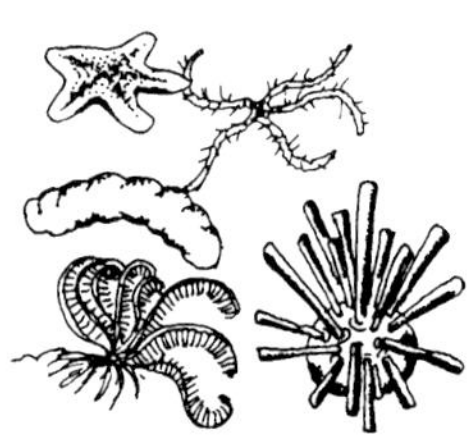

- **Stachelhäuter - Echinodermata**
  - Haar- und Federsterne - Crinoidea
  - Schlangensterne - Ophiuroidea
  - Seesterne - Asteroidea
  - Seeigel - Echinoidea
  - Seegurken - Holothuroidea

Unterklasse — Ordnung — Unterordnung

- **Achtstrahlige Blumentiere - Octocorallia**
  - Weich- und Lederkorallen - Alcyonaria
  - Hornkorallen - Gorgonaria
  - Seefedern - Penatularia
- **Sechsstrahlige Blumentiere - Hexacorallia**
  - Steinkorallen - Scleractinia (Madreporaria)
  - Krustenanemonen - Zoantharia
  - Zylinderrosen - Ceriantharia
  - Dörnchenkorallen - Anthipatharia
  - Anemonen - Actiniaria

- **Vorderkiemer - Prosobranchia**
- **Hinterkiemer - Opisthobranchia**

- **Höhere Krebse - Malacostraca**
  - Zehnfußkrebse - Decapoda
    - **Garnelen - Natantia**
    - **Panzerkrebse - Reptantia**
      - Hummer- und Langustenartige
      - Einsiedlerkrebse
      - Krabben
  - Fangschreckenkrebse - Stomatopoda

SCHWÄMME - PORIFERA

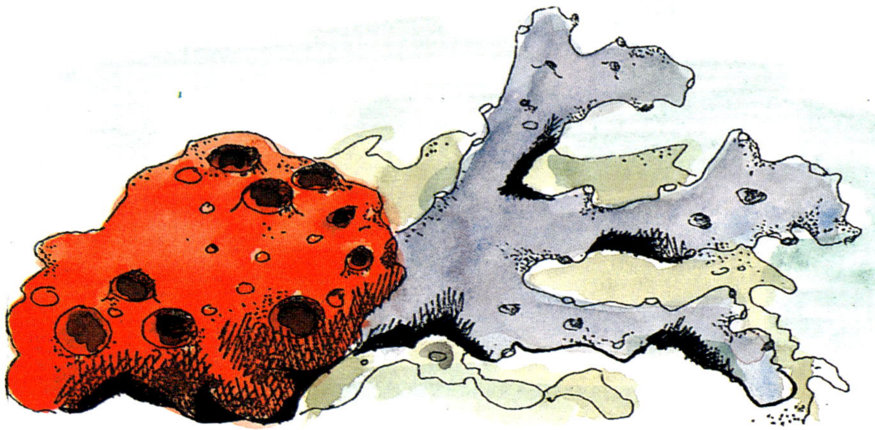

Außer dem uns sicher allen bekannten Badeschwamm existieren noch etwa 5.000 Schwamm-Arten, und die meisten leben im Salzwasser. Sie bestehen aus einem gummiartigen Protein-Gebilde, das bei vielen Arten durch eingelagerte Kalk- oder Kieselnadeln stabilisiert ist. Die Farb- und Formvariationen sind sehr vielfältig. Auf der Oberfläche der Schwämme kann man kleine Poren, die Einströmöffnungen, und größere Ausströmöffnungen, die Oscula, erkennen (Porifera = Löcherträger). Das Innere des Schwammes ist mit Kanälen und Geißelkammern durchzogen. Die Wände dieser Kammern sind mit Geißelzellen ausgekleidet, die durch schlagende Bewegungen der Geißeln Wasser und Nahrung durch den Schwamm strömen lassen. Durch die Poren fließt Wasser in den Schwamm hinein und durch die Oscula wieder hinaus. Letztere wachsen oft über die Oberfläche des Schwammes hinaus. Die Hauptnahrung der Schwämme sind Mikro-Organismen und Bakterien. Die Aufnahme dieser kleinsten Schwebeteilchen, die von den meisten anderen Tieren nicht aufgenommen werden können, ist für die Reinhaltung des Wassers äußerst wichtig.
Viele Arten von Schwämmen leben auch in Symbiose mit Bakterien oder Algen. Sie besiedeln meist abgestorbene Plätze im Riff. Ihr schnelles Wachstum und das Absondern von giftigen Substanzen haben jedoch schon des öfteren das Leben einer benachbarten Korallekolonie gekostet.
Schwämme haben durch ihre eingelagerten, spitzen Kalk- oder Kieselnadeln vergleichseweise wenig Freßfeinde. Nur einige Tiere, wie bestimmte Nachtschnecken- und Fischarten, betrachten sie dennoch als Leckerbissen, und einige Arten ernähren sich sogar ausschließlich von ihnen. Dennoch ist diese Gefahr für die Schwämme sehr klein und unbedeutend. Für ihre Existenz lebensgefährlich sind jedoch sich epidemisch ausbreitende Krankheiten und vor allem die Wasserverschmutzung. Durch sie können innerhalb kurzer Zeit sogar in großen Gebieten alle Schwämme absterben.

So lebensgefährlich die Körperoberfläche der Schwämme auch ist, umso bessere und gesichertere Unterkunftsmöglichkeiten bieten ihre gut ventilierten Innenräume für viele Organismen. Sie stellen sichere, vor Freßfeinden geschützte Wohnräume dar, in denen viele kleine Lebewesen wohnen. Durch das Pumpsystem werden sie fortlaufend mit nährstoffreichem Wasser versorgt. In diesem Falle spricht man von der bereits vorab erwähnten Karpose, einer Lebensgemeinschaft zwischen Tieren verschiedener Arten, die für einen Partner (den Untermieter) Vorteile mit sich bringt, während dem andern (dem Schwamm) weder Vor- noch Nachteile daraus entstehen.
Die Bohrschwämme (Cliona) gehören zu den größten Feinden der Korallen, indem sie mit kalkzerstörenden Ausscheidungen Gänge in das Kalkskelett der Korallenkolonien ätzen. Wie Tunnelbelüftungen ragen die Ein- und Auströmpapillen aus den oft noch lebenden Kolonien. Diese brüchig gewordenen Korallenstöcke werden nach und nach von der Brandung oder anderen heftigen Wasserbewegungene zerstört.
Die Schwämme exakt zu identifizieren, ist bei den meisten Arten die Aufgabe eines Spezialisten. Sie müssen genauestens untersucht werden, da dieselbe Art unter unterschiedlichen Licht-, Strömungs- und Brandungsverhältnissen in verschiedenartigen Erscheinungsformen auftreten kann.
Die Fortpflanzung der Schwämme erfolgt sowohl geschlechtlich als auch ungeschlechtlich. Bei der geschlechtlichen Vermehrung werden die Samenzellen mit der Strömung zu den Eizellen im Mutterschwamm getragen. Dort entwickelt sich die befruchtete Eizelle zur Larve, die meist nur kurze Zeit im Wasser treibend als Plankton verbringt.

Blauer Geweihschwamm (Homaxinella sp.)
Zwei nicht näher bestimmte krustenförmig wachsende Schwämme
Krustenförmiger Sternschwamm (Spirastrella sp.) überwuchert Wurmschnecken in einer Schwarzen Koralle

NESSELTIERE - CNIDARIA

Zum artenreichen Stamm der Nesseltiere (Cnidaria) gehören die:

Hydrozoen	- Hydrozoa
Schirmquallen	- Scyphozoa
Würfelquallen	- Cubozoa
Blumentiere	- Anthozoa

Wie man aus dem Namen bereits erkennt, handelt es sich bei den Zugehörigen dieses Stammes um wehrhafte Tiere, die alle über giftige Nesselzellen verfügen.
Hydrozoen und Schirmquallen zeigen einen Generationswechsel mit zwei unterschiedlichen Erscheinungformen, Polypen und Medusen. Die festsitzenden Polypen vermehren sich ungeschlechtlich durch Teilung oder durch Knospung. Aus einem Polypen können sich so riesige Tierkolonien entwickeln. Zur geschlechtlichen Fortpflanzung bildet der Polyp durch Abschnüren des Tentakelkranzes eine freischwimmende Meduse. Diese produziert Eier oder Spermien. Aus den planktonischen Larven entwickeln sich wiederum festsitzende Polypen.
Bei manchen Würfelquallen ist das Polypenstadium unterdrückt - die Larven bilden direkt wieder freischwimmende Medusen. Umgekehrt kennt man bei den Blumentieren nur Polypen, die sowohl die ungeschlechtliche als auch die geschlechtliche Fortpflanzung übernehmen.
Nesseltiere sind mit mehr oder weniger giftigen Nesselkapseln bewaffnet, die zur Verteidigung gegen Feinde und zum Lähmen ihrer Beute eingesetzt werden. Die Nesselzellen sind kapselförmige Bläschen mit einem Auslösestift, der durch Berührung mit Feind oder Opfer die Nesselkapsel zum Explodieren bringt. Dabei wird ein Schlauch hervorgeschleudert, der mit spitzen Fortsätzen die Haut oder den Panzer des Beutetieres durchschlägt und lähmendes Gift in die Wunde spritzt.
Die Nesselkapseln der Vertreter aus den Klassen Hydrozoen (Hydrozoa) und Schirmquallen (Scyphozoa) sind größtenteils stark nesselnd, jedoch nicht annähernd so gefährlich wie die der Würfelquallen. Bei den meisten Blumentieren (Anthozoa - u.a. Weichkorallen, Gorgonien, Seeanemonen, Steinkorallen) sind die Nesselkapseln eher schwach und können unsere Haut normalerweise nicht durchdringen (Achtung Schleimhäute). So könnten wir viele Arten berühren ohne Schaden zu nehmen. Wir könnten beispielsweise ohne genesselt zu werden, mit der Handinnenfläche in die Tentakelkrone der Heteractis magnifica, der häufigsten Seeanemone der Malediven, hineinfassen. Auf dünneren Hautschichten könnte sie jedoch Nesselungen bewirken.
Zum Thema Anfassen möchte ich an dieser Stelle noch erwähnen, daß jegliche Berührung mit dem Riff oder Lebewesen unter Wasser vermieden werden sollte, um eventuelle Schäden zu verhindern.

Im Falle einer Nesselung sollte man die brennende Stelle auf keinen Fall berühren. Es bleiben immer nicht ausgelöste Nesselzellen auf der Haut kleben, und man würde diese dadurch noch zusätzlich aktivieren. Durch vorsichtiges Abtupfen mit Alkohol können sie entschärft werden. Es kann auch helfen, wenn man die vernesselte Stelle mit trockenem Sand bestreut und ihn vorsichtig wieder abschabt. Zur Nachbehandlung eignen sich Antihistamin- und Calcium-Salben. Besser ist es natürlich, solche Bekanntschaften zu vermeiden. Tauchen Sie auch aus diesem Grund immer richtig austariert und bewegen Sie sich langsam und vorsichtig.

Hydrozoen - Hydrozoa

Hydroiden - Hydroidea

Nach der ersten Bekanntschaft mit Hydroiden müssen Sie sicher nicht sehr lange suchen. Diese fedrigen Kolonien werden durch ihre Unscheinbarkeit leicht übersehen, aber ein wahlloses Festhalten am Riff führt meistens unweigerlich zu einem recht schmerzhaften Brennen und Nesseln, ähnlich dem Griff in einen Brennesselstrauch. Die strauch- oder bäumchenähnlich wachsenden Hydroidenkolonien siedeln sich vor allem auf schattigen Riffkanten und Riffhängen an. Bei einigen Arten erinnern ihre Ästchen an Tannzweige, und ihre Färbung variiert in weißen, braunen oder schwarzen Tönen. Durch die seßhafte Lebensweise können sie nur an strömungsexponierten Plätzen überleben, da ihre Nahrung hauptsächlich aus tierischem Plankton besteht. Durch ungeschlechtliche Knospung kann sich die Kolonie vergrößern, zeitweilig werden Hydromedusen gebildet, die sich dann geschlechtlich fortpflanzen. Die Larve aus dem befruchteten Ei setzt sich fest und bildet sich um zu einem Hydroidpolypen, der sich wiederum durch Knospung zur Kolonie vergrößert (Generationswechsel).

Feuerkorallen - Milleporidae

Wie man dem Namen nach bereits vermuten kann, handelt es sich auch hier um stark nesselnde Korallen. Die fächer- oder geweihartigen, dieser auch als Hydrokorallen bezeichneten Gebilde sind leicht an den weißen Spitzen zu erkennen. Manchmal bilden diese starren Kolonien auch Platten, oder sie überwachsen krustenförmig abgestorbene Riffteile. Durch die Endosymbiose mit Zooxanthellen sind sie lichtabhängig und besiedeln nur wenig tiefe Riffabschnitte. Das poröse, blaß ockergelb bis grünlich gefärbte Kalkskelett steht meist quer zur Strömung. Die darin lebenden Polypen ernähren sich von Zooplankton. Sie pflanzen sich durch planktonische Medusen fort.
Ab 20 Meter Wassertiefe wächst die sehr seltene Pinkfarbene Feuerkoralle, die leider meist nur noch in Souvenirshops zu bewundern ist. Ein unsinniger Raubbau hat auch diese Korallen noch seltener gemacht. Außerdem sollte es inzwischen jedermann bekannt sein, daß alle Lebewesen, die aus dem Meer entwendet werden, sofort anfangen unerträglich zu stinken und die schönsten Farben innerhalb kürzester Zeit verblassen. Dennoch wird weiter gesammelt, solange es noch Touristen gibt, die sie als Souvenir kaufen um, sie zuhause dann mit gerümpfter Nase in den Müll zu werfen.

Nicht näher bestimmte Hydroidpolypen-Kolonie
Pinkfarbene Feuerkoralle (Distichopora violacea)

Schirmquallen - Scyphozoa

Schirmquallen treiben als Plankton im freien Wasser. Sie sind zwar zu Eigenbewegungen fähig, stärkeren Strömungen jedoch hilflos ausgeliefert. Die Fortbewegung erfolgt durch pulsierende Bewegungen ihres Schirmes, aus dem die Tentakel hängen. Diese gruppieren sich bei vielen Arten wie ein Blumenkohl um die Mundöffnung im Innern des Schirmes. In den Tentakeln und am Schirmrand befinden sich unzählige Nesselkapseln, die dem Fang von Zooplankton und kleinen Fischen dienen. Quallen vermehren sich meist getrenntgeschlechtlich. Die schlüpfenden Larven siedeln sich an, bilden jedoch keine Kolonien, sondern nur einen Polypen. Dieser bildet durch Abschnürung junge, kleine Medusen.

Würfelquallen - Cubozoa

Durch ihre würfelartige Körperform kamen diese stark nesselnden Quallen zu ihrem Namen. Unter ihnen gibt es Arten, die auch für Menschen gefährlich sein können. Würfelquallen weisen einen Generationswechsel mit Polypen- und Medusenstadien auf.

Schirmqualle mit einem Schwarm junger Feilenfische
Nicht näher bestimmte Würfelqualle
Die weltweit vorkommende Leuchtqualle (*Pelagia noctiluca*)

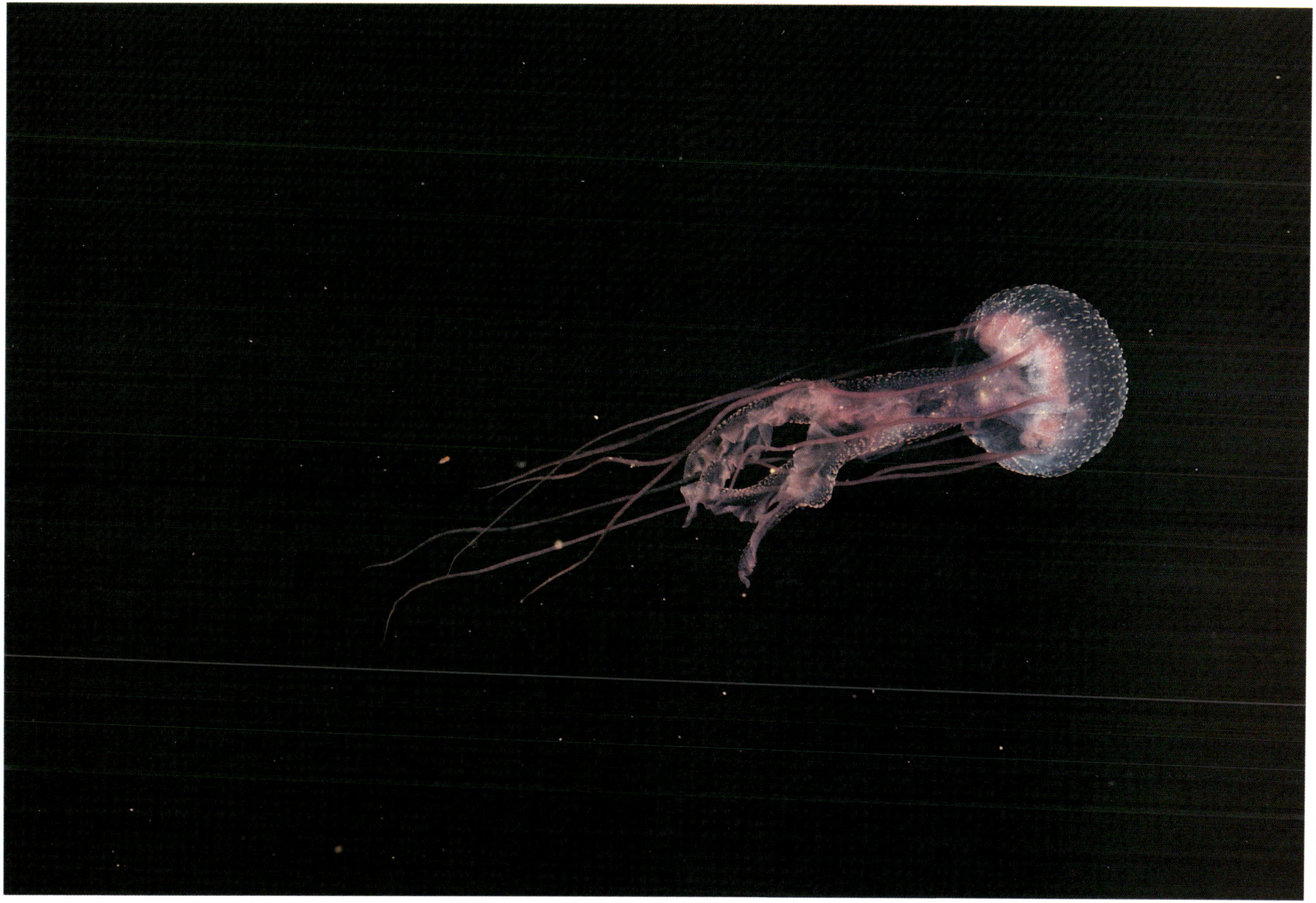

Blumentiere - Anthozoa

Den Namen Blumentiere haben diese Lebewesen ihren blumenartigen Polypen zu verdanken. Bei den Blumentieren finden wir nur Polypen von teils beträchtlicher Größe. Die Medusengeneration ist unterdrückt. Die Klasse wird aufgeteilt in:
Achtstrahlige Blumentiere - Octocorallia und Sechsstrahlige Blumentiere - Hexacorallia
Wichtigstes Unterscheidungsmerkmal ist die Anzahl und Form ihrer Polypententakel.

Achtstrahlige Blumentiere - Octocorallia

Wichtigstes Merkmal dieser Unterklasse sind die Polypen mit acht gefiederten Tentakeln. Ihre Nahrung besteht aus Zooplankton, das sie mit ihren Nessel- und Klebekapseln aus dem Wasser fischen. Durch die geschlechtliche Fortpflanzung bilden sich Larven, die kurze Zeit im Plankton leben. Die ungeschlechtliche Fortpflanzung erfolgt durch Knospung.

Weich- oder Lederkorallen - Alcyonaria

Zu den schönsten Weichkorallen der Malediven gehören sicher die Vertreter der Familie Nephthyidae, die mit Polypen in den zartesten Pastellfarben in Erscheinung treten. Diese meist nachtaktiven, bäumchenartigen Korallen wachsen vorwiegend in tieferen Lagen der Riffhänge. Der Stamm und die Äste sind transparent, und man kann darin die Kalknadeln erkennen, die dem weichen Gebilde zusätzliche Stabilität geben. Während der Ruhephasen schrumpfen die Kolonien durch Verminderung ihres Innendrucks zu schlaffen Gebilden. Wenn sie wieder aktiv werden, pumpen sie mit speziellen Polypen den Wasserinnendruck wieder hoch und erblühen dadurch in voller Größe.
Die Gattung Sinularia, die typischerweise als Lederkoralle bezeichnet wird, bewächst vor allem abgestorbene Korallenkolonien und breitet sich wie ein Teppich aus. Ihre weiche, lederartige Struktur hat viele Formvariationen. Mit warzenähnlichen Erhebungen, Noppen oder Wülsten bestückt, existieren sie in beigen, braunen und grünlichen Farben. Die Gattung Sarcophyton bildet einen weichen, pilzförmigen Körper mit hellen langhalsigen Polypen. Die Lederkorallen sind überwiegend nachtaktiv und können ihre Polypen tagsüber völlig einziehen, wodurch oft nur noch ganz kleine Poren auf ihrer Oberfläche zu sehen sind.
Weich- oder Lederkorallen können giftige oder ungenießbar machende Chemikalien produzieren, die sie vor Freßfeinden und Überwucherungen schützen. Biochemiker und Pharmazeutische Unternehmen forschen mit diesen hochinteressanten Ausscheidungen von Weichkorallen und Schwämmen und hoffen auf die Entwicklung von neuen Medikamenten.

Weichkoralle (Dendronephyta sp.)
Weichkoralle (Dendronephyta sp.), Einzelpolypen und Skelettnadeln
Pilz-Lederkoralle (Sarcophyton sp.)

Hornkorallen - Gorgonaria

Zu dieser Ordnung gehören die busch- oder fächerartig wachsenden Gorgonien und die Peitschenkorallen. Gorgonien sind meist in orangen, gelben, roten oder weniger oft in dunklen Farben anzutreffen. Ihre fragilen Hornskelette sind mit Kalkablagerungen verstärkt. Diese geben ihnen den nötigen Halt, ohne jedoch ihre Flexibilität einzuschränken, damit sie durch starke Strömungen keinen Schaden erleiden. Der kurze Stamm ist auf festem Grund verankert. Der daraus wachsende Fächer verzweigt sich meist stark. Im brandungsgeschützten, meist tiefen Wasser wachsen sie immer quer zur Strömung, was zum Herausfiltern von Plankton am effektivsten ist. Sie bevorzugen steile Riffhänge oder auch Überhänge. Kleine Arten siedeln sich gerne an strömungsexponierten Höhlenöffnungen an.
Die unverzweigt wachsenden Peitschenkorallen findet man vorwiegend in tieferen Bereichen. Sandige Gründe offener Höhlen sind ihre bevorzugten Stellen. Erst im künstlichen Licht kann man die Färbung dieser flexiblen, meist roten Stengel richtig erkennen. Die Draht- oder Spiralkorallen sehen ihnen zwar ähnlich, unterscheiden sich jedoch eindeutig durch die schlauchartigen Tentakel der Polypen, wodurch sie der Unterklasse der Sechsstrahligen Blumentiere (Hexacorallia) angehören.

Rote Peitschenkoralle (Junceella rubra)
Hornkoralle (Melithaea sp.)
Riesengorgonie (Subergorgia sp.)

Seefedern - Pennatularia

Die Seefedern bestehen aus einem Primärpolypen, der einem Stiel ähnlich sieht und seitlich mit unzähligen, angesetzten Sekundärpolypen bestückt ist. Dieser stielartige Primärpolyp ragt tief in den sandigen Boden, in den sich diese Tierkolonie tagsüber oder auch im Falle einer Störung völlig zurückzieht.
Seefedern sind nachtaktive Tierkolonien. Dennoch kann man sie nur ab und zu bei Nachttauchgängen antreffen. Da sie recht selten sind, eine unscheinbare Farbe haben und außerdem sehr unauffällig auf sandigen oder schlickigen Weichböden leben, sind sie schwer zu erspähen und bleiben oft unentdeckt. Hat man aber einmal eine Seefeder gefunden, kann man sie bei jedem Nachttauchgang am selben Platz beobachten. Das setzt natürlich voraus, daß sie nicht gestört wird, und dazu gehört bei dieser interessanten Tierkolonie oft sehr wenig. Manchmal reicht schon der Schein einer starken Unterwasserlampe, und die Seefeder fängt an zu schrumpfen, bis sie schlußendlich im Boden verschwindet. Interessanterweise deutet dann nichts mehr auf ihre Existenz im Untergrund hin.

Sechsstrahlige Blumentiere - Hexacorallia

Wichtigstes Merkmal dieser Unterklasse sind die Polypen mit sechs oder einem mehrfachen von sechs glatten und schlauchartigen Tentakeln. Ihre Nahrung besteht aus Zooplankton, das sie mit ihren Nessel- und Klebekapseln aus dem Plankton fischen.

Steinkorallen - Scleractinia (Madreporaria)

Zu der Ordnung der Steinkorallen gehören die wichtigsten hermatypischen Korallenarten. Als hermathypisch werden riffbildende Lebewesen mit eingelagerten Zooxanthellen, einzelligen Algen, bezeichnet. Durch die vermehrte Kalkablagerung bauen die Polypen der Steinkorallen harte Korallenstöcke in unterschiedlichsten Formen. Um schnellwüchsig zu sein, sind sie auf die mit ihnen in Partnerschaft lebenden Algen und genügend Lichteinfall angewiesen. Je tiefer sie sich ansiedeln, desto langsamer ist ihr Wachstum. Ab etwa 50 m Tiefe können sie sich nur langsam vergrößern, da das Licht für die mit ihnen in Endosymbiose lebenden Zooxanthellen nicht mehr ausreicht. Bei den idealsten Konditionen (klares Wasser mit einer Temperatur von 25-27 °C und einer Tiefe von 2-5 m), vergrößern sich diese Korallenkolonien am schnellsten. Ihre vorherrschend bräunliche Färbung beruht auf dem Vorhandensein der Zooxanthellen, die im Gewebe der Polypen leben.
Die vorwiegend geweih- oder tischförmig wachsenden Korallen aus der Gattung Acropora

Höhlen-Seefeder (Pteroeidida sp.)

sind sicher die bekanntesten Korallenkolonien. Die empfindliche Geweihkoralle schützt hauptsächlich Lagunen und deren Bewohner. Tischkorallen können an brandungsgeschützten Orten bis 1,5 m Durchmesser erreichen. Robustere Korallenarten wachsen auf Riffdächern und an Riffhängen. Diese riesigen Kugeln, Säulen oder anderen massiven Gerüste werden durch die Porites-Kolonien erbaut.

Die Pilzkorallen aus der GattungFungia bestehen aus nur einem außergewöhnlich großen Polypen. Sie sind durch ihr loses Dasein eine Ausnahme und nur während ihres Jugendstadiums kurz festgewachsen. Sie bilden außerdem keine Korallenstöcke, sondern scheibenähnliche Gebilde. Auch Anemonenkorallen (Heliofungia actiniformis) gehören zu den Pilzkorallen und liegen lose auf dem Untergrund. Wenn man sie leicht berührt, kann man gut beobachten, wie sie ihre Tentakel, die sie wie eine flauschige Decke ausgebreitet haben, in das Kalkskelett zurückziehen. Diese Polypen besitzen lange Tentakel und sind ausnahmsweise tagaktiv.

Eine weitere Ausnahme bildet die die Grüne Zäpfchenkoralle (Tubastraea micrantha), da sie als riffbauende (hermatypische) Korallenart nicht mit Zooxanthellen lebt. Dennoch bauen die Polypen hohe, sehr stabile und standfeste Korallenstöcke. Dank ihrer Lichtunabhängigkeit können sie auch an düsteren Riffhängen und auf tiefgelegenen Sandflächen wachsen. Strömungsreiche Riffabschnitte werden jedoch bevorzugt. Ihre harte, dunkelgrüne Struktur hinterläßt sofort Flecken auf der Kleidung, und schlecht austarierte, unvorsichtige Taucher werden mit unverwischbaren Spuren geahndet.

Die Zäpfchenkoralle (Dendrophyllia sp.) ist eine weitere Korallenart ohne Zooxanthellen und kann sich deshalb gut in Höhlen oder Überhängen entfalten. Sie bildet keine Korallenstöcke, sondern überwuchert ihren Wohnraum breitflächig wie eine Tapete. Diese am Tage unscheinbar erscheinenden rosafarbigen Noppen verwandeln sich in der Nacht in traumhaft schöne, gelbe "Blumen" und der Nachttauchgang wird zu einem einmaligen Erlebnis.

Blasenkorallen bilden relativ kleine Kolonien mit weißen, blasenähnlichen aussehenden Polypen. Nur tagsüber pumpen sie sich so auf, damit die eingelagerten Zooxanthellen Algen optimal dem Licht ausgesetzt sind. Nachts schrumpfen die Blasen und die weißen Tentakel werden zum Planktonfang eingesetzt.

Die ungeschlechtliche Fortpflanzung der Steinkorallen erfolgt durch Teilung der Polypen. Jede Korallenkolonie bestand einmal aus nur einem Polypen. Alle Polypen entwickeln sich im Verlaufe der Zeit durch endlose Teilungsprozesse zu riesigen Kolonien. Die geschlechtliche Fortpflanzung, d.h. das Ausstoßen von Spermien und Eizellen ins Wasser, erfolgt in der Regel im selben Riffabschnitt zur gleichen Zeit.

Massiver Block einer Berg- oder Porenkoralle (Porites sp.) mit Bunten Spiral-Röhrenwürmern
▶▶ Falsche Geweihkoralle (Anacropora sp.), junge Kolonie
▶▶ Geweihkoralle (Acropora humilis)
▶▶ Anemonenkoralle (Heliofungia actiniformis)
▶▶ Pilzkoralle (Fungia sp.)
▶▶ Zäpfchenkoralle (Dendrophyllia sp.)

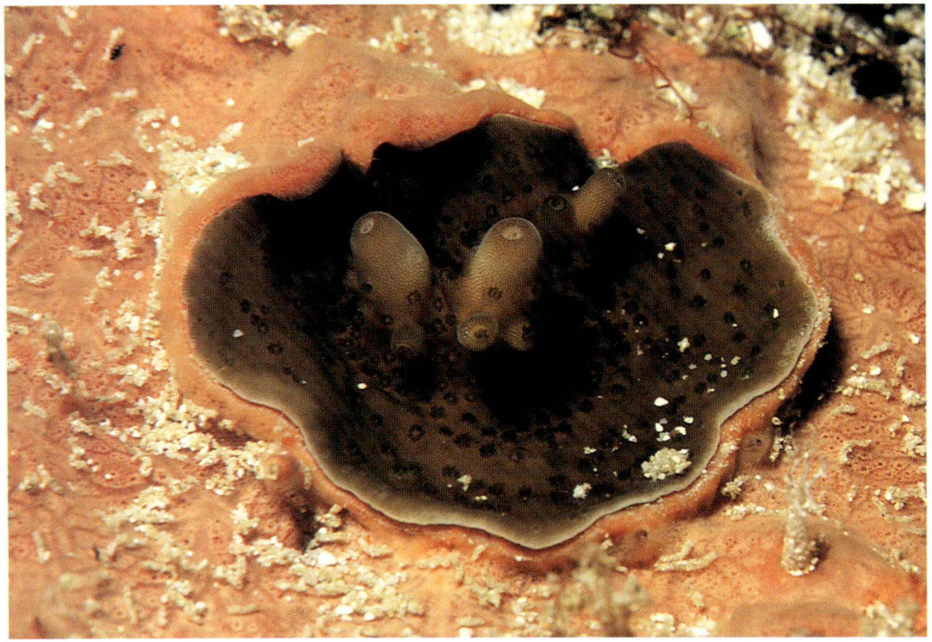

Krustenanemonen - Zoantharia

Die Krustenanemonen bilden kein hartes Skelett und besiedeln meist großflächig die abgestorbenen Korallenkolonien. Sie sind sehr strapazierfähig und brandungsresistent. Dadurch haben ihre Kolonien an der Riffkante eine schützende Funktion für das Riff. Krustenanemonen speichern ein extrem starkes Gift, das sie vor Freßfeinden schützt. Sie haben sehr kurze Tentakel, mit denen sie nachts Plankton und Schwebeteile erbeuten. Zusätzliche Nahrung gewinnen sie durch ihre Endosymbiose mit Zooxanthellen.
Im Mittelmeer existiert eine sehr schöne, leuchtend gelb blühende Krustenanemonenart. Da die leuchtend gelbe Zäpfchenkoralle (Dendrophyllia sp.) ihre Wohnfläche auch krustenartig überwächst, wird sie oft fälschlicherweise als Krustenanemone bezeichnet. Sie hat jedoch mit den auf den Malediven vorkommenden, braun-grauen, wie genoppte Gummimatten aussehenden Kolonien überhaupt keine Ähnlichkeit.
Die Fortpflanzung der Krustenanemonen erfolgt meist geschlechtlich, und ihre Larven leben planktisch. Eine Kolonie entsteht in der Regel durch ungeschlechtliche Knospung aus nur einem einzigen Tier.

Zylinderrosen - Ceriantharia

Diese solitär lebenden Polypen beziehen vorzugsweise schattige Sandböden in Überhängen oder Höhlen. Sie bilden kein Skelett sondern eine gummiartige Wohnröhre, die aus einer dichten Matte von Nesselfäden und Sand besteht. Sie ist fast völlig und bis zu einem Meter tief im Sandboden versenkt. Bei Gefahr zieht der wurmförmige Polyp seine unzähligen, herausragenden Tentakel blitzschnell zurück. Die inneren Tentakel des Polypen sind viel kürzer als die wesentlich längeren Randtentakel, wodurch man Zylinderrosen sehr einfach von Anemonen unterscheiden kann. Zum Nahrungsfang von Zooplankton und kleinen Lebewesen streckt der Polyp seine Tentakel einer blühenden Blume ähnlich aus. Die äußeren längeren Tentakel dienen zum Fangen der vorbeitreibenden Nahrung, und die inneren kürzeren Tentakel transportieren die Beute zur Mundöffnung. Zylinderrosen sind meist weiß oder transparent. Ihre Fortpflanzung ist geschlechtlich, und ihre Larven treiben als Plankton.

Scheiben-Krustenanemone (Zoanthus sp.)
Zylinderrose (Pachycerianthus sp.)

Dörnchenkorallen - Antipatharia

Die bekannteste Art dieser Ordnung sind sicher die Schwarzen Korallen aus der Gattung Antipathes. Diese Dörnchenkorallenkolonien gedeihen vorwiegend auf tiefgelegenen, strömungsgünstigen Riffhängen oder Vorriffen und sind mit einem starken Stamm im Grund festgewachsen. Ihre Farbe ist grünlich bis rötlichbraun, und ihre Ästchen verzweigen sich buschartig. Ihre Polypen sind sehr klein. In der Unterklasse der Sechsstrahligen Blumentiere (Hexacorallia) verfügen ihre Vertreter neben denen der Ordnung der Steinkorallen als einzige über ein hartes Skelett. Das hornartige Material der langsam wachsenden Schwarzen Koralle wird leider oft zu Schmuckgegenständen oder anderen Souvenirs verarbeitet. Viele Riffe sind deshalb schon geplündert worden.
Gemeinsam mit den Schwarzen Korallen gehören auch die skurril geformten Draht- und Spiralkorallen zu den Dörnchenkorallen und somit zu den Hexacorallia. Dies sind nur drei der vielen Antipatharia-Arten, die in großer Formenvielfalt existieren. Eine weitere Art steht wie ein kleines, grünliches Bäumchen auf dem Riff. Ihre Form erinnert sehr an eine Flaschenbürste. Kleines Plankton und organische Sinkstoffe, die aus der Strömung gefiltert werden, bilden die Nahrung der Dörnchenkorallen-Polypen. Die Fortpflanzung der Polypen erfolgt getrenntgeschlechtlich. Die Kolonie kann sich durch Knospung vergrößern.

Gewundene Drahtkoralle (Cirripathes anguina)
Korkenzieher-Drahtkoralle (Cirrhipates spiralis)

Anemonen - Actiniaria

Sie sind die größten solitär lebenden Polypen, und man kann sie in den oberen Riffgebieten oft antreffen. Die mit Zooxanthellen lebenden Polypen haften meist durch einen Klebefuß ihr Leben lang auf derselben Stelle. Bei ungünstigen Umweltbedingungen können sie langsam kriechend ihren Standort wechseln. Die Mundöffnung liegt in der Mitte der unzähligen Tentakel. Anemonen ernähren sich von Zooplankton und kleinen Fischen. Ihre Fortpflanzung erfolgt meist getrenntgeschlechtlich oder durch Längsteilung.

Viele Anemonenarten leben in Symbiose mit Fischen, Krabben und Garnelen, die sich gegen das Nesselgift immunisiert haben. Die Anemonenfische "in Untermiete" verteidigen die Anemone und profitieren als Gegenleistung von einem Unterschlupf, wo sie vor ihren Freßfeinden sicher sind.

Eine kleine aber interessante "reisende Art" ist die Schmarotzeranemone (s. S. 83). Sie hält sich mit ihrem Saugfuß auf Häusern von Einsiedlerkrebsen fest. Ihren Namen trägt sie ungerechterweise, denn die Krebse betteln regelrecht darum, daß sie bei ihnen Wohnsitz nehmen. Sicher bekommen sie etwas von der davonschwebenden Nahrung des Krebses ab, jedoch tarnen sie auch sein Haus und beschützen das Leben des Krebses.

Prachtanemone (Heteractis magnifica) mit Clarks Anemonenfisch (Amphiprion clarkii)
Mundöffnung der Riesenanemone (Stychodactyla mertensii)
Kleines, junges Exemplar der Prachtanemone

PLATTWÜRMER - PLATHELMINTHES

Strudelwürmer - Turbellaria

Aus dem Stamm der Plattwürmer ist für uns vor allem die Klasse der Strudelwürmer interessant. Diese werden oft mit Nacktschnecken verwechselt. Das typische Merkmal dieser Würmer ist ihr sehr dünner, länglicher und glatter Körper. Die Farben und Musterungen der Körperoberfläche sind von beeindruckender Schönheit. Während des Tages, oft auch nachts, kann man Strudelwürmer an Riffhängen antreffen. Ihre aus Algen und Sinkstoffen bestehende Nahrung wird von ihrem ausstülpbaren Mund auf der Unterseite des Körpers aufgenommen. Einige Arten ernähren sich auch räuberisch und überfallen ihre Beute wie "Wegelagerer". Sie lauern den Ahnungslosen auf und überwältigen sie blitzschnell. Einige Vertreter legen Schleimfäden aus, auf denen vor allem kleine Krebse kleben bleiben und so zum leicht erworbenen Fressen werden. Bei größeren Arten geschehen die Überfälle durch schnelles Vorstoßen oder eine rasche Seitenbewegung ihres Vorderkörpers. Das Opfer wird umschlungen und zur Mundöffnung geschoben. Reichliche Ausscheidung von klebrigem Schleim aus der Haut oder den Kopfdrüsen ermöglicht dabei das sichere Festhalten der Beute. Manche Arten haben sich noch eindrucksvollere Jagdsysteme zur Überwältigung der Beute einfallen lassen. So besitzen einige einen Saugnapf auf der Unterseite des Kopfes. Eine andere Art verfügt über einen Fangrüssel außerhalb der Mundregion, der wie ein vorstoßbarer Stempel mit vielen Klebedrüsen oder einer muskulösen Kneifzange die gefangenen Beutetiere festhält. Die ungewöhnlichste Technik wenden jedoch einige an, indem sie ihre Beute mit Hilfe ihres stiletförmigen Penis lähmen, der mit Giftdrüsen bestückt ist. Bei einer Gattung kann der Penis zu diesem Zwecke sogar aus der Mundhöhle herausgeschnellt werden. Die Verdauung findet im reichverzweigten Darmsystem statt. Die Strudelwürmer haben kein After. Das unverdauliche Material muß folglich durch den kräftigen Schlund wieder ausgeschieden werden. Der zur Atmung benötigte Sauerstoff wird von den Strudelwürmern direkt aus dem Wasser durch ihre sehr dünne Haut aufgenommen. Durch ihre hohe Regenerationsfähigkeit können sich sogar aus Stücken von Plattwürmern wieder neue Tiere bilden.

An der Vorderseite des Körpers bildet der saumartige Rand zwei fühlerähnliche Wellen, hinter denen sich mehrere Pigmentaugen befinden. Alle Strudelwürmer sind Zwitter. Ihre Geschlechtsorgane bieten eine außergewöhnliche Vielfalt in Bezug auf ihre Lage, Gestalt, Größe und Art der Ausmündung. Nach Erreichen der Geschlechtsreife suchen sich die Tiere aktiv einen Partner und begatten sich nach lebhaftem Umherkriechen und gegenseitigem Betasten. Die durch Kopulation befruchteten Eier werden meist einzeln am Riff befestigt. Die geschlüpften Larven leben meist am Grund.

Zur Fortbewegung kriechen sie auf einem eigens dafür abgesonderten Schleim vorwärts. Ihr Körper ist dicht mit feinen Härchen (Cilien) bewachsen. Das rythmische Vor- und Zurückschlagen verleiht ihnen den eleganten Kriechstil. Dieser wird noch durch ihre Schwimmart mit unvergleichbarer Anmut übertroffen. Mit wellenden Bewegungen des ganzen Körpers schwimmen sie dicht über dem Riff und bieten dadurch ein faszinierendes Schauspiel.

Orangeblauer Plattwurm (Pseudoceros dimidiatus)
Schwarzer Plattwurm (Pseudoceros splendidus), schwimmend
Nicht näher bestimmter Plattwurm
Goldwarzen-Plattwurm (Thysanozoon flavomaculatum)

RINGELWÜRMER - ANNELIDA

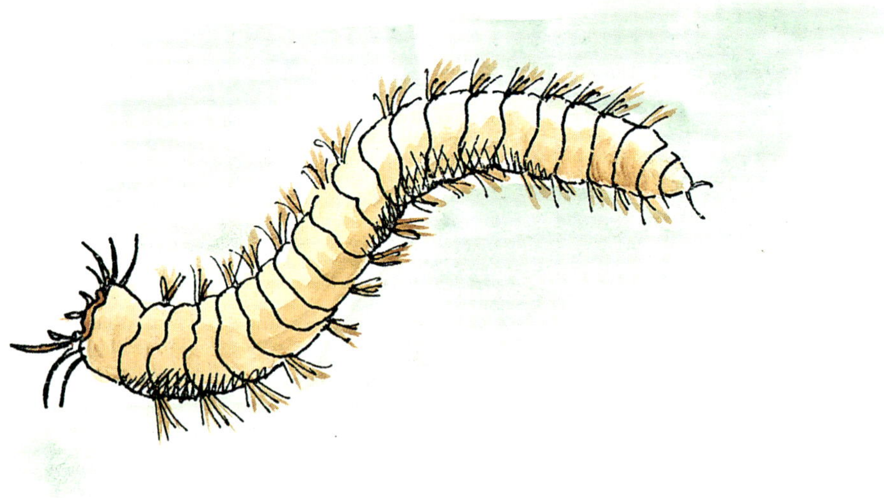

Vielborster - Polychaeta

Die Ringelwürmer haben sehr unterschiedliche Erscheinungsformen. Beispielsweise gehören auch die uns allen bekannten Regenwürmer zu diesem Stamm. Als Taucher interessiert uns besonders die Klasse der Vielborster, und diese sind in zwei Gruppen aufgeteilt:

- Sedentaria (festsitzende) sessil und planktonfressend
- Errantia (umherirrende) freilebend und räuberisch

Die uns bekanntesten sind sicher die Spiralwürmer (Spirobranchus) aus der Familie der Serpulidae, die sessil im Korallengestein leben. In verschiedenen Farbvariationen strecken sie ihre gefiederten, konischen Tentakelkronen zur Nahrungsaufnahme in die Strömung. Jeder Wurm verfügt über zwei Tentakelbüschel und einen Schließdeckel (Operculum). Bei der geringsten Störung ziehen sie ihre Planktonfänger blitzartig in die Wohnhöhle zurück, und dichten diese mit dem Operculum ab.
Die prachtvollen Gebilde der Federwürmer kommen aus der Familie der Sabellidae. Sie bilden einfache oder doppelte Federkronen, die sie aus ihrer pergamentartigen aber soliden Wohnhöhle zur Nahrungsaufnahme in die Strömung strecken. Auf Licht oder unnatürliche Wasserbewegungen reagieren sie äußerst empfindlich und ziehen sich bei der geringsten Störung blitzschnell zurück. Selbst der Schatten eines Tauchers oder leichte, durch seine Bewegung ausgelöste Druckwellen können von den Federwürmern wahrgenommen werden. Daher ist eine absolut ruhige und vorsichtige Verhaltensweise zur Beobachtung oder zum Fotografieren dieser zauberhaften Tiere unerläßlich.
Eine weitere Familie der Sedentaria sind die Terebellidae. Diese sessil im Riff lebenden Würmer legen ihre zahlreichen, fast 1 m langen, glatten und klebrigen Tentakel rundum aus. Diese weißen Kopfanhängsel ziehen sie mit den darauf klebengebliebenen Nahrungspartikeln wieder zurück. Auch bei Gefahr oder Störung verschwinden sie in ihren Löchern.
Zur Gruppe der Errantia gehören die mobilen Feuerwürmer. Tagsüber verstecken sie sich unter Korallensteinen, während viele nachts Korallenpolypen überfallen. Ihre segmentierten Körper sind seitlich mit unzähligen Borsten gesäumt. Durch diese kamen sie zu ihrem Namen, da sie bei Berührung stark brennende Schmerzen auf unserer Haut verursachen. Andere Errantier findet man beispielsweise auf Seegurken. Häufig sind sie nachtaktiv und unscheinbar und werden deshalb von Tauchern und Schnorchlern kaum gesehen.
Die vorwiegend getrenntgeschlechtlichen Arten der Vielborster vermehren sich teils durch Kopulation, teils durch Abgabe der Eier und Samen ins freie Wasser. Die Larven leben im Plankton.

Bunter Spiralröhrenwurm mit gut sichtbarem Deckel (Operculum)
Indischer Federwurm (Sabellastarte sanctijosehi)
Bunte Spiralröhrenwürmer (Spirobranchus giganteus), verschiedene Farbvarianten

WEICHTIERE - MOLLUSCA

Schnecken - Gastropoda

Der weitaus größte Teil aller Schneckenarten lebt im Meer, und sie sind an das Leben dort in verschiedenen Weisen angepaßt. Die in der Brandungszone lebenden Schnecken haben meist dicke und schwere Gehäuse. Die Schnecken, die im Sand leben, haben vorwiegend relativ dünne Gehäuse. Sehr dünne oder vielfach ganz reduzierte Gehäuse haben die verschiedenen Formen von freischwimmenden (pelagial lebenden) Schnecken. Zahlreiche marine Schneckenarten, deren Gehäuse völlig zurückgebildet ist, leben als die uns sehr gut bekannten Nacktschnecken im Riff.
Die Schnecken werden in zwei Hauptgruppen aufgeteilt:
Die Vorderkiemer oder Prosobranchia haben alle gut entwickelte Gehäuse. Die Hinterkiemer oder Opisthobranchia dagegen haben nur noch Reste eines zurückentwickelten Gehäuses oder überhaupt keines mehr.

Vorderkiemer - Prosobranchia

Die Vorderkiemer bilden ihre schützenden Gehäuse in scheinbar endlosen Variationen. Zu den schönsten Schneckenarten gehören sicher die Kegelschnecken (Conidea), die sich bei Sammlern wegen der prächtigen Zeichnung ihres Gehäuses großer Beliebtheit erfreuen. Sie sind mit Vorsicht zu handhaben. Einige dieser Arten sind sehr gefährlich, da sie zum Lähmen ihrer Beute ein äußerst schnell wirkendes Gift besitzen. Ihre Raspelzunge, mit der die meisten Schneckenarten sonst Algen, Schwämme oder Nesseltiere abweiden, ist zu einem rüsselförmigen Fortsatz mit pfeilartigen Giftzähenn umgebildet, die wie Pfeile abgeschossen werden können. Das ähnlich wie Curare wirkende Gift kann auch Menschen gefährden. Die Kegelschnecken benutzen ihre Waffen, um damit räuberisch ihre Beute zu überfallen oder zur Verteidigung, falls sie gestört werden.
Die Gehäuse der Kaurischnecken (Cypraeoidea) sind immer wie hochglanzpoliert. Diese Porzellanschneckenarten hüllen ihre Gehäuse in zwei "Hautlappen". Wie ein Mantel bedecken die Verlängerungen des Kriechfußes ihre Schale. Sie tarnen die Schnecken und verhindern jeglichen Bewuchs. Durch diese Hautlappen scheiden sie auch fortlaufend Kalk aus, der die Schalen vergrößert, und von der Innenseite bauen die Schnecken Kalk ab, damit das Gehäuse nie zu klein wird. Die bekannteste Kaurischnecke ist Cypraea moneta, die Geld-Kaurischnecke, die früher vielerorts als Geld verwendet wurde (siehe Geister und Geschichte).
Die bis zu 40 cm großen Tritonshörner (Ranellidae) gehören zu den wenigen natürlichen Feinden der riffzerstörenden Dornenkronen. Sie ernähren sich räuberisch und erbeuten auch andere Seesterne. Da ihr Gehäuse bei Sammlern sehr beliebt ist, ist diese große Schnecke an vielen Orten, so auch auf den Malediven, leider sehr selten geworden. In der Südsee wurde das Gehäuse des Tritonshornes als Kriegstrompete verwendet. Auch bei den alten Römern wurde es benutzt, um die Bürger zu den Waffen zu rufen.

Geld-Kaurischnecke (Cyprea moneta)
Landkarten-Kegelschnecke (Conus geographus)
Ein Tritonshorn (Charonia tritonis) überwältigt eine Dornenkrone (Acanthaster planci)

Hinterkiemer - Opisthobranchia

Die Nacktschnecken (Nudibranchiata) gehören zu den faszinierendsten Lebewesen im Meer. Diese gehäuselosen, eleganten Schnecken kann man in den prächtigsten Farben und mit den eindruckvollsten Musterungen antreffen. Ihr auffälliges und ungeschütztes Dasein trügt, da viele durch die Nahrungsaufnahme, beispielsweise von Nesseltieren, ungenießbar sind. Die Devise lautet: "Auffallen, um nicht gefressen zu werden!" Die Warnfärbung soll es den Jägern klar machen: "Achtung, ich bin giftig, ungenießbar oder wehrhaft!" Spätestens nach einer schlechten Erfahrung wird sich ein möglicher Freßfeind eine solche Warnfärbung einprägen und in Zukunft dieses ungenießbare Wesen von seiner Speisekarte streichen. Dieselbe Strategie wird an Land von den wehrhaften Wespen benutzt.
Aber es gibt nicht nur auffällige Nacktschnecken. Bei zahlreichen Arten sind Färbung und Muster perfekt an ihre Beute angepaßt. Diese besteht je nach Art aus Schwämmen, Manteltieren oder Nesseltieren, auf denen sich die Nacktschnecken meist ihr Leben lang aufhalten. Die passenden Farbstoffe zur Tarnung werden mit der Nahrung aufgenommen und im Körper eingelagert. Eine geniale Methode den richtigen Farbton für die Tarnung zu erreichen. So unterschiedlich die Nacktschnecken auch gefärbt sein mögen, innerhalb einer Art ist das Farb- und Zeichenmuster aber fast ausnahmslos konstant. Somit kann man die meisten Nacktschnecken allein anhand ihrer Färbung und Musterung sicher bestimmen.
Einige Arten können durch Wellenbewegungen ihrer Körperränder auch schwimmen. Bei vielen sprießen aus der hinteren Körperhälfte zarte Kiemenbüschel. Aus dem Kopfende des auffällig gefärbten Körpers wachsen zwei Fühler. Fast alle Nacktschnecken sind Zwitter. Die befruchteten Eier werden spiralartig in Bändern oder Schnüren auf dem Riff befestigt. Nach dem Schlüpfen leben die Larven planktonisch.
Seehasen (Aplysia) gehören auch zu den Hinterkiemern. Diese Algenfresser bergen jedoch noch eine kleine zurückgebildete Schale unter dem fleischigen Körper. Man benötigt schon etwas Fantasie, um hasenohrähnliche Fühler zu erkennen, durch die diese Schnecken zu ihrem Namen kamen. Einige Arten können bei Gefahr ein schleimiges, bläuliches Sekret ausstoßen.

Gepunktete Prachtsternschnecke (Chromodoris tertianus)
Eigelege einer Nacktschnecke
Grünfleck-Neonsternschnecke (Nembrotha cristata)
Orangestreifen-Neonsternschnecke (Roboastra gracilis)
Orangeschwarze Neonsternschnecke (Tambja sp.)
▶▶ Leopard-Prachtsternschnecke (Chromodoris gleniei)
▶▶ Schwarzbraune Warzenschnecke (Phyllidia maeandrina)
▶▶ Orangerote Fadenschnecke (Phaestilla melanobranchia)
▶▶ Lange Fadenschnecke (Pteraeolidia ianthina)
▶▶ Orangefleck-Neonsternschnecke (Nembrotha yonowae)

Muscheln - Bivalvia

Anders als bei Schnecken, die nur eine Schale haben, ist der Körper der Muscheln immer zwischen zwei Schalenhälften eingebettet. Sie sind mit einem schmalen, elastischen Band (Ligament) verbunden, und kräftige Muskeln halten sie geschlossen. Diese sind der Grund, daß viele Muscheln von Feinschmeckern so begehrt sind.
Muscheln sind Bodenbewohner, und einige Arten leben kriechend oder grabend im Untergrund. Außerdem gibt es noch sessile Arten, die im festen Substrat eingeschlossen oder daran festgeheftet sind.
Die Stachelaustern (Spondylidae) können sich am Riff mit Byssusfäden, einer stark haftenden Ausscheidung, befestigen. Diese vor allem in Überhängen oder Höhlen lebenden Muscheln sind äußerlich sehr stark bewachsen und somit bei geschlossenem Zustand bis zur Unkenntlichkeit getarnt. Zur Nahrungsaufnahme von Plankton und Schwebeteilen müssen sie die Schalen jedoch leicht öffnen, damit sie Wasser durch ihre Kiemenreusen pumpen können. Dabei kann man ihre Mantelränder in den schönsten Farben erkennen.
Der Mantel der Großen Riesen- oder Mördermuschel (Tridacna gigas) überlappt sogar ihre Schalen. Ihre Mantelränder sind bis auf zwei Öffnungen für die Wasserzirkulation verwachsen. Die Einströmöffnung erkennt man an den wimperähnlichen Fortsätzen. Die Riesenmuschel lebt in Symbiose mit Zooxanthellen, was vielleicht ihren Riesenwuchs erklärt. Deshalb ist sie lichtabhängig und kann sich nur in den oberen Riffregionen ansiedeln. Sie ist die größte Muschelart, und ihre Schalen wurden früher in den europäischen Kirchen als Tauf- oder Weihwasserbecken verwendet. So kam die Riesenmuschel zu ihrem französischen Namen Bénitier. Dieser Name ist vom Verb "bénir" abgeleitet, was übersetzt segnen bedeutet.
Es gibt auch eine kleine Tridacna-Art, die sich leicht in Korallenstöcke einbohrt und danach von den Polypen am unteren Teil umwachsen wird. Diese und andere Arten können sich mechanisch oder chemisch durch kalklösende Ausscheidungen teilweise oder ganz in das Korallengestein einnisten und dort leben. Oft werden beide Bohrmethoden auch kombiniert eingesetzt. Zu den riffzerstörenden Arten gehören die kalkbohrenden Seedatteln (Mytilidae). Diese stammen aus der Familie der Miesmuscheln und überfallen noch lebende Korallenstöcke. Bevor sie mit dem Einbohren beginnen, lassen sie sich umwachsen. Solange die Korallenkolonie noch lebt und wächst, müssen sie danach auch immer gegen die Oberfläche bohren, damit die Wassereinlaß- und Wasserauslaßöffnungen frei bleiben.
Für die Fortpflanzung ist die sessile Lebensweise eigentlich nicht so ideal, jedoch hat auch hier die Natur alles fest im Griff. Eier und Samen werden in das freie Wasser abgegeben, und zwar von der gleichen Art, zum gleichen Zeitpunkt und im selben Gebiet. Alle Meereslebewesen, die sich auf diese Art fortpflanzen, haben einen Zeitplan, der mond- und jahreszeitenabhängig ist. Der Zeitpunkt eines solchen Massenablaichens liegt vorzugsweise in der Dämmerung oder in der Nacht, wenn viele eierfressende Fische schlafen.

Große Mördermuschel (Tridacna gigas)

Kopffüßer - Cephalopoda

Zu dieser Weichtierklasse gehören die seltenen und leider auch von Sammlern begehrten Perlboote (Nautilus). Bei Sepien, Kalmaren und Kraken sind die Schalen fast oder ganz zurückgebildet. Kopffüßer sind gute Tarnungskünstler und haben hochentwickelte Augen. Sepien und Kalmare (Decapoda) verfügen über zehn und Kraken (Octopoda) über acht an der Unterseite mit unzähligen Saugnäpfchen bestückte Arme. Ihre Kiemen liegen in einer Mantelhöhle mit trichterförmiger Öffnung. Durch die Kontraktion eines Muskels können sie das darin befindliche Wasser fontänenartig hinausdrücken. Sie erreichen dadurch eine schnelle aber nicht ausdauernde Fortbewegung. Die Arme werden bei diesem ruckartigen Schwimmstil hinten nachgezogen. Im Moment dieser kräftigen Rückstöße scheiden die Kopffüßer bei Gefahr ein dunkles Sekret (Tinte) aus. Dieses Sekret hat einen lähmenden Effekt auf die Geruchsorgane ihrer Feinde, und dadurch tappen diese in dieser trüben Wolke im wahrsten Sinne des Wortes im Dunklen.
Die Sepien sind kräftiger und robuster gebaut als die stromlinienförmigen Kalmare. Der Hinterkörper ist mit einem Flossensaum besetzt. Der Wellenschlag dieses Saumes ermöglicht ihnen eine sehr elegante Schwimmweise mit hoher Manövrierfähigkeit. Zwei ihrer zehn Arme sind stark verlängert und in taschenähnlichen Falten des Körpers untergebracht. Diese zwei Arme dienen zum blitzschnellen Ergreifen der Beute, Fischen, Garnelen und Krabben, sobald sie sich auf die richtige Angriffsdistanz angeschlichen haben. Die anderen acht Arme formieren sich pfeilartig um den schnabelähnlichen Mund. In der fast körpergroßen, kalkhaltigen Schale der Sepien gibt es gasgefüllte Hohlräume. Diese als Schulp bezeichnete Schale befindet sich im Körperinneren und dient den Tieren als Auftriebsorgan. Stirbt eine Sepia, und der Körper verwest, dann treibt der Schulp an der Wasseroberfläche und wird am Strand angespült. Die Schalen werden oft als Kalkzusatz in Vogelkäfige gehängt.
Die Kraken können nicht nur ihre Farbe ganz schnell wechseln sondern auch die Struktur der Körperoberfläche. Innerhalb von Sekunden kann man sie kaum mehr im Riff erkennen. Zur Fortbewegung kriechen sie vorwiegend auf ihren acht Armen durch das Riff. Sie ernähren sich von Fischen, Muscheln und Krebstieren. Ihre Lieblingsspeise sind Langusten, deren harte Schalen sie mit dem starken, schnabelartigen Mund knacken, der sich in der Mitte auf der Unterseite des Körpers befindet. Wenn man etwas Geduld hat, kann ihr Verhalten recht neugierig bis zutraulich oder sogar frech werden.
Nach der Befruchtung durch einen dafür umgebildeten Arm des Männchens werden die Eier vom Weibchen meist an Höhlendecken befestigt und bewacht. Nach dem Schlüpfen treiben die Larven kopfüber im Plankton.

Sepia (Sepia sp.)
Sepia (Sepia sp.), Balzfärbung
▶▶ Langarmkrake (Octopus macropus)
▶▶ Grünaugen-Kalmar (Sepioteuthis lessoniana)
▶▶ Sepia (Sepia sp.)

GLIEDERFÜßER - ARTHROPODA

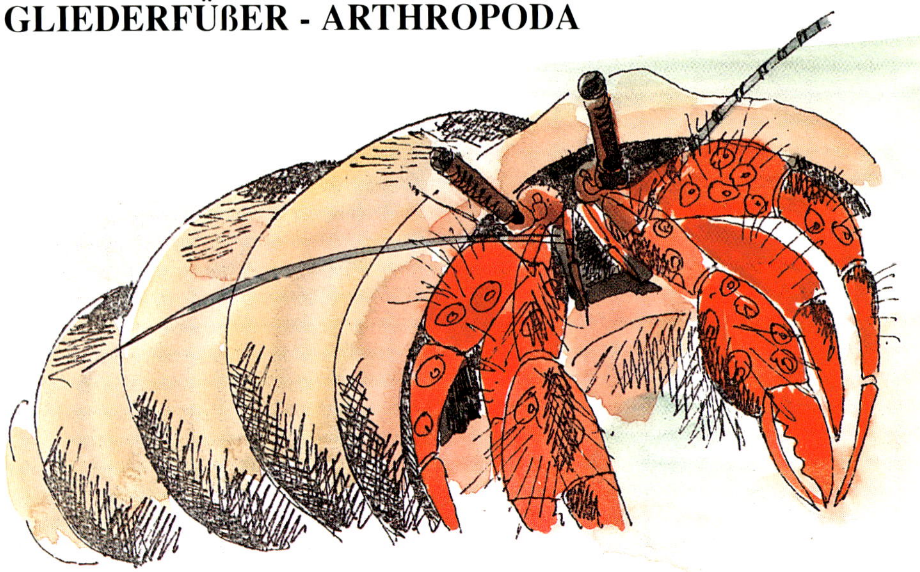

Der Stamm der Gliederfüßer ist der artenreichste unter den Wirbellosen. Er beinhaltet unter anderem die Klasse der Insekten, die bei weitem die umfangreichste und erfolgreichste Tierklasse darstellt. Umso mehr erstaunt es, daß die Insekten das Meer nicht als Lebensraum erobert haben. Dort übernehmen die Krebstiere (Crustacea) deren Stellung auf der Erdoberfläche.

Die Krebstiere haben viele Vertreter unter und auch einige über Wasser. Sie gehören fast alle in die Unterklasse der Höheren Krebse (Malacostraca). Nur wenige zählen zu den Rankenfüßern (Cirripedia). Die Seepocken und Entenmuscheln sind die bekanntesten Rankenfüßer, deren äußere Erscheinungsform kaum an Krebse erinnert.

Wir beschränken uns hier auf Mitglieder aus der Unterklasse der Höheren Krebse (Malacostraca), denen man als Taucher auf den Malediven am häufigsten begegnen kann. Aus der Ordnung der Mundfüßer (Stomatopoda) stammen die Fangschreckenkrebse (Squillidae). Weitaus zahlreicher vertreten sind die verschiedenen Arten aus der Ordnung der Zehnfußkrebse (Decapoda), denen die uns bekanntesten Krebstiere angehören. Trotz ihrer großen Bekanntheit stellen diese zwei Ordnungen jedoch nur einen sehr kleinen Teil der Krebstiere bzw. der Gliederfüßer überhaupt.

Auffällig bei vielen Krebstierarten ist ihr Hang zu Lebensgemeinschaften mit anderen Lebewesen. Beispielsweise die so häufig im Riff anzutreffenden Symbiose zwischen Garnelen und Grundeln, Putzergarnelen und Muränen oder auch die in Wohngemeinschaft auf den Kissenseesternen, Peitschenkorallen oder in den Anemonen lebenden Krebse.

Der Brustpanzer (Carapax) der Höheren Krebse wird von fünf Gliedmaßenpaaren getragen, wovon das erste Paar meist mit Scheren bestückt ist. Außerdem verfügen sie in der Regel über ein ungegabeltes und ein gegabeltes Antennenpaar sowie drei Paar Mundgliedmaßen. Ihr Körper wird von einem starren Außenskelett geschützt. Während der Wachstumsphasen müssen sie im wahrsten Sinne des Wortes "aus der Haut fahren". Die alte, zu eng gewordene Schale wird gesprengt und abgeworfen, und sie wachsen in die zu diesem Zeitpunkt noch runzelige und elastische neue Haut hinein. Bis diese hart wird, müssen sie sich sehr gut verstecken, da sie sonst ungeschützt sehr schnell zur Beute würden. Ihre alte Haut bleibt irgendwo im Riff liegen, und schon so mancher Schnorchler und Taucher hatte Mitleid mit dem vermeintlichen "verendeten oder überfallenen Opfer", obwohl dieses schon längst wieder mit seinem neuen "Frack" im Riff stolzierte und sich des Lebens erfreute.

Ihre oft langstieligen Komplexaugen sind unabhängig beweglich und haben eine sehr sensible Bewegungswahrnehmung. Für den Gleichgewichtssinn haben diese Tiere ein Sandkörnchen in einem mit Sinneszellen ausgekleideten Hohlraum im Körper eingelagert. Je nachdem, wo das Körnchen dort liegt, können sie mit Hilfe dieser Sinneszellen ihre Körperlage im Raum feststellen.

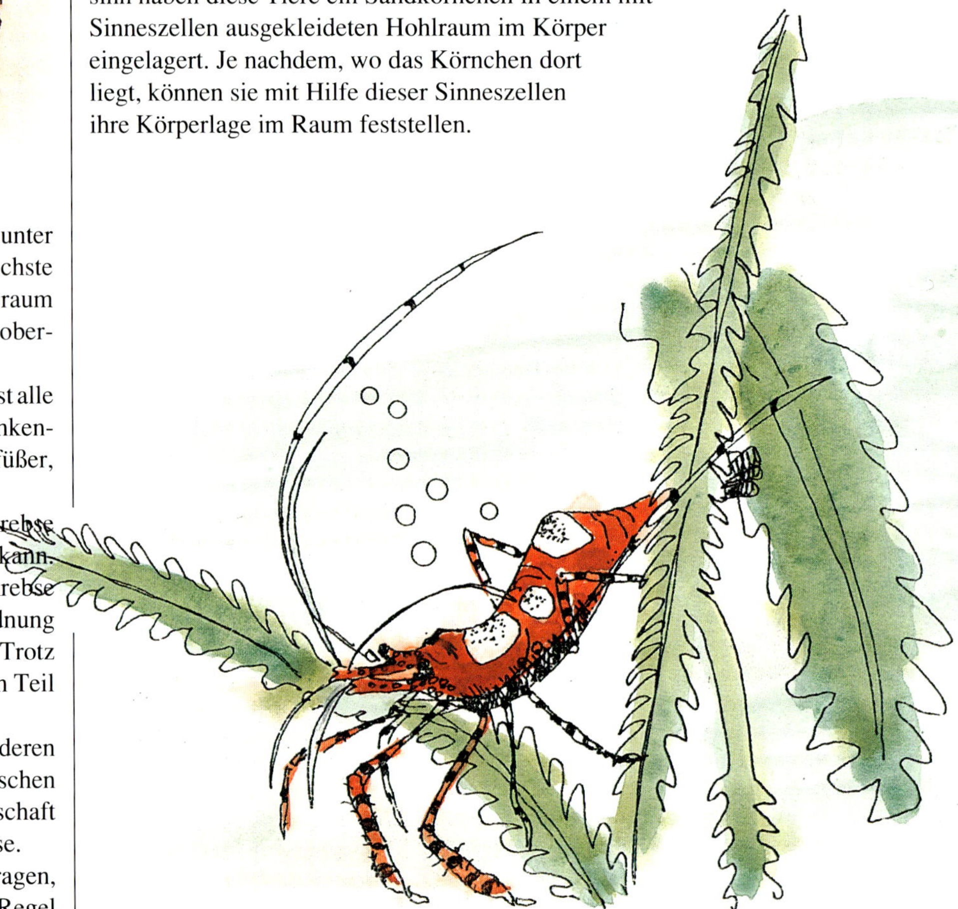

ZEHNFUSSKREBSE - DECAPODA

Panzerkrebse - Reptantia

Hummer- und Langustenartige

Die Mitglieder der Langustenartigen (Palinuridae) haben massige und schwere Körper und verfügen nur über sehr kleine Scheren. Das erste Antennenpaar ist lang, dünn und gegabelt. Das zweite Paar ist noch länger und sehr kräftig. Sie leben tagsüber versteckt in Höhlen oder Spalten, die sie nur nachts zur Jagd nach Muscheln oder Schnecken verlassen. Daneben fressen sie auchFische, Tintenfische und Krebstiere, und auch Aas wird nicht verschmäht. Auf ihren zehn langen und kräftigen Beinen laufen sie sehr schnell. Bei Gefahr können sie auch, durch pulsierende Schläge mit dem Schwanzfächer, schnell und ruckartig schwimmen.

Während der Brutzeit, befestigen und hegen sie ihre Eier unter dem Hinterkörper. Nach dem Schlüpfen leben die Larven planktonisch. Ihre komplizierte und langwierige Entwicklung kann mehere Monate dauern, bis sie sich am Riff als Mini-Langusten niederlassen. Unzählige Male werden sie sich häuten, bis sie zu ihrer stattlichen Größe herangewachsen sind, und dann leider oft ihr Leben auf dem Teller beenden müssen. Die Malediver haben die Langusten nie gegessen, sie empfinden deren Verzehr, wie den von Krebsen oder Tintenfischen, als abstoßend. Leider sind die Bestände heute durch den Tourismus stark zurückgegangen. Dennoch werden Langusten auf fast allen Touristen-Inseln angeboten. Durch die große Nachfrage werden große Riffabschnitte oder Tauchplätze von den einheimischen Fischern geplündert. So kenne ich eine Langusten-Höhle, die früher mit bis zu 80 Langusten bevölkert war und leider nur in ca. 10 Meter Wassertiefe liegt. Eines Tages fand ich darin nur noch zwei Exememplare, die sich völlig verängstigt in die hinterste Ecke drängten. Dieser übertriebenen und unwissenden Fangmethode fallen leider auch immer viele Muttertiere mit unzähligen Eiern, die die Nachkommenschaft sichern sollten, zum Opfer. Bitte leisten Sie Ihren Beitrag zum Schutz dieser Tiere und verzichten Sie auf "Ihre" Languste!

Zu den Langustenartigen gehört auch die Familie der Bärenkrebse (Scyllaridae). Ihre Antennen sind viel kürzer, und das zweite Paar ist zu schildförmigen Platten umgeformt. Ihre kleinen Scheren befinden sich in der Nähe der Mundöffnung. Mit viel Glück kann man einen Bärenkrebs beim Nachttauchgang an Riffhängen bei der Nahrungssuche beobachten.

Die Mitglieder der nachtaktiven Familie der Riffhummer (Nephropidae) leben in sicheren Verstecken, vorzugsweise in Riffspalten am Riffhang. Diese räuberischen Arten verfügen über zwei gleichgroße Scheren am ersten ihrer fünf Beinpaare. Ihre Färbung ist auffällig rot und beeindruckend. Die zarten Antennen und ihre kräftigen Scheren sind stets in Bewegung. Ihre dunklen Augen verfügen über ein gutes Sehvermögen.

Riffhummer (Enoplometopus occidentalis)

Einsiedlerkrebse

Dazu gehören die Meeres- (Paguridae) und die Landeinsiedlerkrebse (Coenobitidae). Sie leben in leeren Schneckenhäusern, die sie immer mittragen. Darin sind ihre verkümmerten, wurmartigen Hinterkörper untergebracht. Mit den hinteren, eigens zu diesem Zwecke umge-bildeten, gedrungenen Beinen halten sie sich im Schneckenhaus fest. Da ihre Unterkunft nicht mitwächst, müssen sie sich, vor allem während des Jugendstadiums, immer dann wenn es zu eng wird, größere Schneckenhäuser suchen. Ein rascher Umzug ist angebracht, da sie sonst mit dem ungeschützten und empfindlichen Hinterkörper schnell von ihren Feinden, wie Fischen oder Seevögeln, überfallen werden können. Manchmal scheint Wohnungsnot zu herrschen, da ich auch schon Krebse mit leeren Filmdosen, Shampooflaschendeckeln oder Kokosnuß-Schalen als Unterkunft angetroffen habe.

Das erste Beinpaar ist zu zwei meist ungleichen Scheren umgebildet. Bei Gefahr verstecken sich die Krebse im Schneckenhaus und dichten die Öffnung mit der größeren Schere ab. Auf den ersten drei Beinpaaren krabbeln sie vorwärts. Ihre schönen, langstieligen Augen sind typisch, und bei vielen Arten sind die zarten Fühler sehr schön gefärbt.

Manche Arten von Meereseinsiedlerkrebsen animieren Schmarotzer-Anemonen, sich auf ihren Schneckenhäusern anzusiedeln. Die größten Einsiedlerkrebse leben als Einzelgänger und sind nachts im wenig flachen Lagunenwasser oder an Riffhängen zu sehen.

Landeinsiedlerkrebse sind nachts oft in Gruppen anzutreffen und bevorzugen die feuchten Orte der Insel. Ihre Nahrung besteht aus allerlei organischen Stoffen. Da sie dabei auch Kadaver verwerten, stellen sie eine wichtige Gesundheitspolizei dar. Landeinsiedlerkrebse haben ihre Kiemen zurückgebildet und können daher nicht mehr ins Meer zurückkehren.

Mit diesen putzigen Krebsen werden auf den Touristeninseln zur Unterhaltung der Gäste manchmal Rennen veranstaltet. Gelegntlich kommt die Frage auf, ob diese Einsiedlerkrebse damit nicht gequält oder mißhandelt werden? Ich kann Ihnen versichern, daß es sich um ein harmloses Vergnügen handelt und die "Speedy Gonzalez", "Super-Man" und "Road-Runner" oder wie immer ihr kurzzeitiger Künstlername sein mag, wieder unversehrt in ihr normales Leben zurückkehren.

Damit die Krebse während dieser Attraktion unterschieden werden können, wird ihr Wohn-haus mit einer Startnummer beschriftet. In den nächsten Tagen gibt es oft ein lustiges Wiedersehen am Strand oder sonst irgendwo auf der Insel.

Die Larven der Einsiedlerkrebse leben planktonisch, bevor sie sich zu kleinen Krebschen entwickeln. Solche Miniaturen dieser eigentlich nachtaktiven Krebse kann man an Stränden auch tagsüber antreffen.

Einsiedlerkrebs (Dardanus sp.)
Landeinsiedlerkrebs (Coenobita sp.) mit Plastikkappe statt Schneckenhaus
Schmarotzerrosen-Einsiedlerkrebs (Dardanus pedunculatus) mit Schmarotzerrosen (Calliactis parasitica)

Krabben

Krabben haben meist rundliche, flache Körper. Darunter ist ihr verkümmerter, sehr flacher Hinterleib eingeschlagen. Das erste Beinpaar ist teils mit sehr großen, manchmal ungleichen Scheren bestückt, die zum Aufnehmen von Nahrung und zu Verteidigungszwecken eingesetzt werden. Zur Flucht rennen sie mit den restlichen vier Beinpaaren seitwärts. Ihre Antennen sind zu kleinen Fühlern reduziert. Sie sind Allesfresser und scheuen auch vor Kanibalismus nicht zurück.

Die Exemplare der verschiedenen Krabbenarten sind in der Größe und in der Färbung sehr unterschiedlich. Einige tarnen sich zum Schutz mit allerlei Algen oder leben in symbiotischen Verhältnissen. Andere, vor allem größere Arten, leben vorzugsweise in Höhlen oder unter Überhängen. Sie sind, wie die meisten Krabben, nachtaktiv.

Reiterkrabben huschen manchmal auch während des Tages über den Strand. Nachts, zur Zeit ihrer Nahrungssuche, kann man manchmal auch recht eindrucksvolle Erlebnisse mit ihnen haben. Was gibt es Schöneres als in einer lauen Nacht unter einem Himmel mit unzähligen Sternen am Strand zu sitzen und mit einer leichten Brandung im Hintergrund vor sich hin zu träumen? Plötzlich schreckt man hoch, was war das? Eine kleine Leuchtkugel flitzt über den Sand der Brandungszone. Dort wieder eine......und weg ist sie!! Im ersten Moment glaubt man wirklich, es spukt! Es gibt jedoch keinen Grund zur Aufregung. Die Lichtkugeln sind nichts anderes als angespültes Leuchtplankton, das an den Füssen der Krabben hängen geblieben ist oder zum Verzehr mit ihren Scheren aufgenommen und in Sicherheit getragen wird.

Auch Springkrabben, die schnellste Krabbenart, kann man tagsüber in dunklen Verstecken bei Bootsanlegestegen sehen. Alle Krabben, die manchmal das Wasser verlassen, führen immer einen Wasservorrat zur Sauerstoffversorgung mit, den sie regelmäßig austauschen müssen.

Die Spinnenkrabben (Maiidae) krabbeln mit überlangen Stelzenbeinen zum relativ kleinen Körper auf Riffhängen. Durch ihr spinnenähnliches Aussehen kamen sie zu ihrem Namen. Am ersten der fünf Beinpaare haben sie kleine Zangen. Ihr zwiebelförmiger Körper läuft auf der Stirn in meist stark verlängerte, dorn- oder büschelähnliche Fortsätze aus. Ihr Mund liegt auf der Unterseite des Körpers, und ihre Färbung ist in der Regel unauffällig. Die Krabbenweibchen tragen ihre Eier unter dem Hinterleib. Nach dem Schlüpfen leben die Larven planktonisch.

Nicht näher bestimmte Seespinne
Reiterkrabbe (Ocypode cerarophthalma)

Garnelen - Natantia

Diese kleinen und feingliedrigen Tiere haben einen seitlich abgeflachten, meist transparenten Körper. Sie verfügen über fünf Beinpaare, wovon die vordersten zwei oder drei Paare mit Scheren ausgestattet sind. Die aus Segmenten hinter den Beinen wachsenden Schwimmhilfen sind bei den Garnelen gut entwickelt. Dadurch können sie sehr gut schwimmen. Diese Gliedmaßen werden auch zum Festhalten der Eier während der Brutzeit benutzt. Über den Augen wächst die Stirn der Garnelen zu einem dornartigen, nach vorne gerichteten Fortsatz aus.

Viele Arten leben in Symbiose mit anderen Riffbewohnern. Es existieren schön bunt gefärbte, aber auch unscheinbare Arten. Die Stenopus- oder Lysmata-Garnelen sind als Putzergarnelen bekannt. Sie sitzen als Einzelgänger oder paarweise in Höhlen oder unter Überhängen. Dort locken sie die Putzkunden mit ihren langen, schneeweißen Antennen an. Eine der wohl bekanntesten und häufigsten Art ist sicher die Scherengarnele (Stenopus hispidus). Sie hat einen rot-weiß gebänderten Körper, ebenso gefärbte Scheren, und die Basis ihrer Beinpaare ist in einem schönen Blauton gefärbt. Diese Vertreter leben im Flachwasser, sowie auch in tiefer gelegenen Riffregionen, aber immer in Unterständen, die sie nur manchmal nachts zur Nahrungssuche verlassen.

In tiefer gelegenen Höhlen kann man die Periclimenes-Putzergarnelen in Gruppen antreffen, die vorzugsweise auch in Wohnhöhlen von Muränen einziehen. Nähert man sich ihren Unterschlüpfen ganz vorsichtig und verharrt davor für eine Zeit möglichst ruhig, so schweben immer mehr der Garnelen auf den "neuen Putzkunden" zu. Der Taucher wird inspiziert, und dessen Oberfläche wird sofort emsig nach irgendwelchen Haut-, Faserschuppen oder Parasiten untersucht!! Will man wieder weiterziehen, merken das die Garnelen sofort durch die Bewegung. Wie bei ihren normalen Putzkunden wissen sie, daß ihre Pflege nicht mehr erwünscht ist, und sie ziehen sich wieder zurück in ihren Unterschlupf.

Pistolenkrebse leben manchmal mit Wächtergrundeln im selben Unterschlupf im Sand oder Geröll. Diese fast blinden Garnelen baggern ruhelos ihre Wohnhöhle frei, wobei sie ihre Nahrung finden. Dabei halten sie mit einer Antenne stets Kontakt zum Fisch, der sie als Gegenleistung für ihre Dienste, einen sicheren Unterschlupf, vor Feinden warnt. Die Scheren der Pistolenkrebse verfügen über eine besonderen Mechanismus, der es den Krebsen ermöglicht, einen lauten, pistolenschußähnlichen Knall zu produzieren. Damit können sie Feinde verjagen und kleine Beutetiere so schockieren, daß sie diese rasch ergreifen können.

Viele Garnelen leben in Symbiose mit teils stark nesselnden Anemonen. Die Garnelenweibchen pflegen ihre Eier unter dem Hinterkörper. Nach dem Schlüpfen folgt für die Larven eine planktonische Lebensphase.

Weißband-Putzergarnele (Lysmata amboinensis)
Nicht näher bestimmte Garnele auf einer Gewundenen Drahtkoralle (Cirripathes anguina)

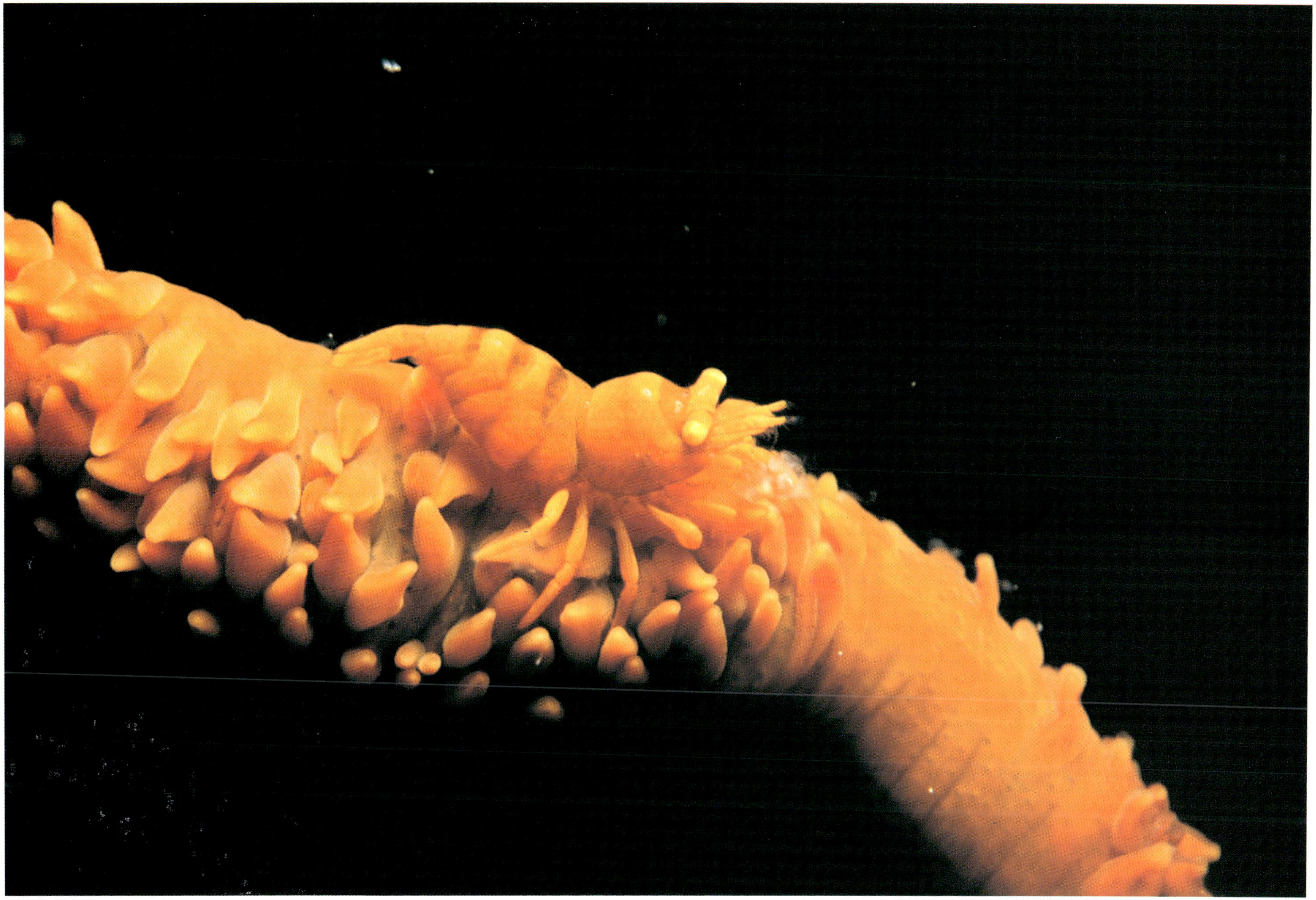

MUNDFÜßER - STOMATOPODA

Fangschreckenkrebse - Squillidae

Die Fangschreckenkrebse (Squillidae) aus der Ordnung der Mundfüßer (Stomatopoda) stammen wie die Vertreter der Zehnfußkrebse (Decapoda) aus der Unterklasse der Höheren Krebse.

Die Färbung der Fanschreckenkrebse kann je nach Art und Geschlecht eine faszinierende bunte Musterung vorweisen. Sie bauen ihre Wohnhöhlen mit einer klebrigen Substanz unter Beimischung von Sand. Auch tagsüber kann man sie manchmal über das Riff huschen sehen. Oder man entdeckt ihre Röhren, aus denen sie mit witzigen und langstieligen Augen die Umgebung kontrollieren. Die unabhängig beweglichen Komplexaugen sind bei ihnen besonders gut zu erkennen, und ihre Bewegungswahrnehmung ist sicher eine der sensibelsten aller Vertreter dieses Stammes. Umsomehr ein Grund, sicheren Abstand zu den Fangschreckenkrebsen zu wahren, da sie in einer bedrohlichen Situation äußerst wehrhaft sind. Bei Gefahr setzen sie zur Verteidigung ihre extreme "Schlagkraft" ein, mit der manche Arten sogar das Glas einer Tauchermaske zertrümmern könnten.

Speerfangschreckenkrebs (Lysiosquilla sp.)
Speerfangschreckenkrebs (Lysiosquilla sp.)

STACHELHÄUTER - ECHINODERMATA

Mit ungefähr 6.000 weltweit vertretenen Arten stellen die Stachelhäuter einen rein marinen Tierstamm dar.
Trotz des sehr unterschiedlichen Aussehens der Angehörigen dieses Stammes ist ihr Bauplan am einheitlichsten und die Einteilung in die fünf Klassen ist ausreichend und sehr klar. Es gibt drei verschiedene Erscheinungsformen: die mehr oder weniger halbkugeligen Seeigel, die walzenförmigen Seegurken und die sternförmigen Seesterne, Schlangensterne und Haar- oder Federsterne. Nur noch bei den Seeigeln sind die namensgebenden Stacheln dieses Stammes voll ausgebildet. Bei den Seesternen und den Schlangensternen sind sie noch als verkümmertes Überbleibsel vorhanden oder völlig zurückgebildet.
Alle Vertreter dieses Stammes haben drei Eigenschaften, die sie untereinander verbinden und von allen anderen Tiergruppen unterscheiden: eine fünfstrahlige, radiäre Körpersymmetrie, ein Innenskelett in Form von Kalkplättchen und ein Gefäßsystem im Körperinneren, das sogenannnte Ambulakralsystem.
Die fünfstrahlige Radiärsymetrie ist äußerlich nicht sofort bei allen Vertretern zu erkennen. Außer bei den Seegurken und einigen Seeigeln gibt es kein Vorder- beziehungsweise Hinterende. Am deutlichsten erkennbar ist die fünfstrahlige Radiärsymetrie bei den meisten Seesternen und bei allen Schlangensternen, die stets über fünf Arme oder ein Mehrfaches davon verfügen. Interessant ist außerdem, daß es sich bei der fünfstrahligen Radiärsymetrie der Stachelhäuter um eine sekundäre, also eine später im Laufe der Evolution erneut entstandene Entwicklung handelt, wohingegen die bei den Nesseltieren primär ist.
Das Innenskelett der Stachelhäuter wird von kleinen Kalkplättchen geformt, die entweder verstreut unter der Haut liegen oder zu größeren Platten vereinigt sind. Auch die Stacheln der Seeigel gehören zu diesem Skelett. Bei ihnen sind die Kalkplättchen zu einer starren Schale verwachsen.

Die Stachelhäuter haben ein einzigartiges Gefäßsystem im Körperinneren, dessen Funktionsprinzip der in der Technik bekannten Hydraulik gleichkommt. Je nach Art können die Ambulakralfüßchen manchmal mit Saugnäpfchen ausgestattet sein. Neben seiner Hauptaufgabe, der Fortbewegung, dient das Ambulakralgefäßsystem auch dem Festhalten von Objekten, der Ernährung , der Atmung und der Sinneswahrnehmung.
Besondere Beachtung gilt auf den Malediven den Seegurken, die unter anderem durch ihre bereits beschriebenen, sagenumwobenen Mitbewohner, den Eingeweidefischen (Fierasfer acus) gut bekannt sind. Eingeweidefische leben nur in bestimmten Seegurkenarten, in deren Wasserlungen sie es sich erst mal bequem machen. Von dort beißen sie sich dann bis zu den Geschlechtsorganen ihres Wirtes durch und ernähren sich als Parasit davon. Wird der Fisch der Seegurke zu lästig, kann sie ihn mit einem Teil ihrer Organe ausstoßen. Innerhalb kurzer Zeit regeneriert die Seegurke wieder ihre eingebüßten Innereien, und der Nadelfisch findet schon bald wieder ein neues Opfer.
Die Cuvierischen Schläuche, die einige Seegurken bei Gefahr oder Störung durch ihren After austoßen, werden von den Maledivern seit vielen Jahren als Naturmedizin benutzt. Die weißen, sehr klebrigen Fäden sind außerdem giftig. Sie können sich um das 40fache ausdehnen, so daß sich eventuelle Angreifer darin hoffnungslos verwickeln. Diese Eigenschaft machen sich die Malediver zu nutze. Die sonst giftigen Cuvierischen Schläuche können auf unverletzter Haut problemlos aufgetragen werden (Achtung Schleimhäute!). So wurde schon mancher verstauchte Knöchel mit dieser "elastischen Binde", die nach dem Trocknen wie ein Gips wirkt, umwickelt und verarztet. Leider werden in den letzten Jahren die Seegurken vermehrt gesammelt, abgekocht und getrocknet, um sie als Spezialität für den Chinesischen Markt nach Singapore zu exportieren.
Dies ist eine der wenigen Einkommensmöglichkeiten für die Malediver.
Die Auswirkungen auf das ökologische Gleichgewicht sind noch nicht bekannt!

Haar- oder Federsterne - Crinoidea

Diese Tiere verfügen auf der unteren Seite über zehn oder mehr kurze, krallenartige Füßchen (Cirren) zum Festhalten und Klettern; im oberen Teil dienen federartige Arme dem Nahrungserwerb, indem sie zum Planktonfang ausgestreckt werden. Die Anzahl der Arme beträgt stets ein Vielfaches von fünf. Die meisten Arten haben etwa 10 bis 30 Arme. Es gibt aber auch solche mit mehr als 100 Armen. Die Vielarmigen bleiben oft jahrelang auf demselben Platz und sind tagsüber meist eingerollt. Die anderen hingegen klettern nur nachts aus dem Versteck und beziehen strömungsexponierte Plätze. Eine Ambulakralrinne auf der oberen Seite der Federarme transportiert die gefangenen Mikro-Organismen zum Mund, der sich wie der After auf der Oberseite des Körpers befindet. Zum Fortbewegen benutzen sie neben den Cirren oft auch die Fangarme. Falls sie mal abrutschen, dienen sie auch zum Schwimmen. Diese Schwimmweise ist nicht sehr effektiv, doch sie wirkt durch die eleganten Bewegungen sehr graziös. Die federartigen Arme sind brüchig, aber leicht regenerierbar. Die Farben- und Musterpracht der Federsterne kommt beim Nachttauchgang voll zur Geltung. Viele unvorsichtige oder schlecht tarierte Taucher wurden schon büschelweise mit den Fangarmen der Haar- oder Federsterne dekoriert. Kommt ihnen ein Taucher zu nahe, so werden sie natürlich versuchen den "großen Fang" festzuhalten. Leider müssen sie dabei viele Arme lassen. Mit Entsetzen versuchen Neulinge die stark haftenden Fangarme vom Anzug wieder loszuwerden. Zu ihrem Schrecken bleiben sie dann sogar an den Fingern kleben. Einmal getrocknet lösen sie sich wieder mühelos und rasch, nur der lädierte Haarstern braucht wieder eine Weile, um seine volle Pracht zu regenerieren.

Schlangensterne - Ophiuroidea

Aus der abgeplatteten, fünfeckigen Körperscheibe der Schlangensterne wachsen die fünf stacheligen, dünnen Arme. Durch deren schlangenartige Bewegung können sie sich relativ schnell vorwärts bewegen. Die meisten führen ein eher verstecktes Leben in Spalten oder Höhlen. Sie gelten trotz ihres unappetitlichen Aussehens als Leckerbissen für viele Fischarten. Aus diesem Grund sind sie wohl auch nachtaktiv. Manchmal werden auch Schwämme oder Korallen-Kolonien von Schlangensternen besiedelt. Ihre Arme sind sehr brüchig aber regenerationsfähig. Die Stacheln sind dünn und spitz und können für einen unachtsamen Taucher recht schmerzhaft sein. Einige Schlangenstern-Arten strecken zwei oder drei Arme in die Strömung und fangen damit Plankton, mit den restlichen Armen bleiben sie in ihrem Versteck verschlungen. Andere weiden am Grund organischem Abfall ab. Der Mund befindet sich in der Mitte der Unterseite des Tieres, der After fehlt.

Gelber Federstern (Comanthus sp.)
Eine große Ansammlung von Schlangensternen (Ophiotrix sp.) auf einer Gorgonie
Malediven-Haarstern (Dichrometra flagellata)

Seesterne - Asteriodea

Seesterne existieren in vielen Farb- und Formvariationen. Anzahl, Länge und Durchmesser ihrer Arme können sehr unterschiedlich sein. Der Mund liegt im Zentrum der unteren Seite, der After gegenüberliegend auf der oberen Seite des Tieres. Mit Hilfe der unzähligen mit Saugnäpfchen bestückten Ambulakralfüßchen an der Unterseite entwickeln die Seesterne große Kraft. Das Ambulakralsystem verleiht den Seesternen eine Überlegenheit, die den meisten ihr räuberisches Dasein ermöglicht. Bevorzugt überfallen sie Muscheln, die sie trotz deren starker Muskelkraft zu überwältigen in der Lage sind. Sie umfassen sie mit ihren Armen, was manchmal mehrere Stunden dauern kann. Doch der eindrucksvolle Zweikampf endet immer mit der Niederlage der Muschel. Der Seestern stülpt einen Teil seines Magens in den Spalt zwischen die Muschelschalen. Der dann abgegebene Verdauungssaft löst den Weichkörper der Muschel auf und wird direkt als Nahrungsbrei vom Seestern aufgenommen.

Die Dornenkrone (Acanthaster planci) kann bis über 20 Arme aufweisen und besitzt Giftstacheln. Diese können zu schmerzhaften, stark geschwollenen und entzündlichen Verletzungen führen. Leider hat dieser sehr schön gefärbte Seestern, falls er in Massen auftritt, noch andere unangenehme Folgen, die sich auch schon am Barriere Riff in Australien und in einigen Gegenden der Malediven ausgewirkt haben. Wie alle Seesterne können sie den Magen ausstülpen und die Beute (Korallenkolonien) mit ihren Verdauungssäften auflösen und sie so regelrecht "ausschlürfen". Da der Dornenkrone größter Feind, das Tritonshorn (große Schneckenart), vielerorts als begehrtes Sammelobjekt fast ausgerottet wurde, kam es schon öfter zu solchen "Massen-Orgien", denen große Riffabschnitte zum Opfer gefallen sind. Versuche, die unzähligen Dornenkronen einzusammeln, sind sehr schwierig. Anfangs sind die Taucher den Tieren mit Messern zu Leibe gerückt. Sie hatten jedoch nicht mit der hohen Regenerations-fähigkeit der Seesterne gerechnet, denn jeder abgetrennte Arm entwickelt sich wieder zu einem neuen Seestern. Sicher erfüllen diese Seesterne jedoch mit dem zeitweiligen Massenauftreten auch eine wichtige biologische Aufgabe, indem sie durch ihre Gefräßigkeit Platz für Neubesiedlungen schaffen.

Eine sehr interessante Beobachtung über Seesterne habe ich bei einem Außenrifftauchgang mit Strömung gemacht. Hunderte von Seesternen standen auf ihren Armspitzen und gaben Eier oder Sperma in das Wasser ab. Die erhöhte Position erleichtert ihrer Fracht einen besseren Start in der Strömung, wo die Eier befruchtet werden.

Wie schon erwähnt, verfügen Seesterne über eine hohe Regenerationsfähigkeit. Solche, die aus einem abgetrennten Arm nachwachsen, werden Kometen genannt. Einige Seestern-Arten können aktiv einzelne Arme abschnüren und sich so ungeschlechtlich vermehren.

Gekörnter Kissenstern (Choriaster grannulatus)
Komet eines Komet-Seesterns (Linckia multifora)
Ägypter-Seestern (Gomophia egyptiaca), Detailaufnahme

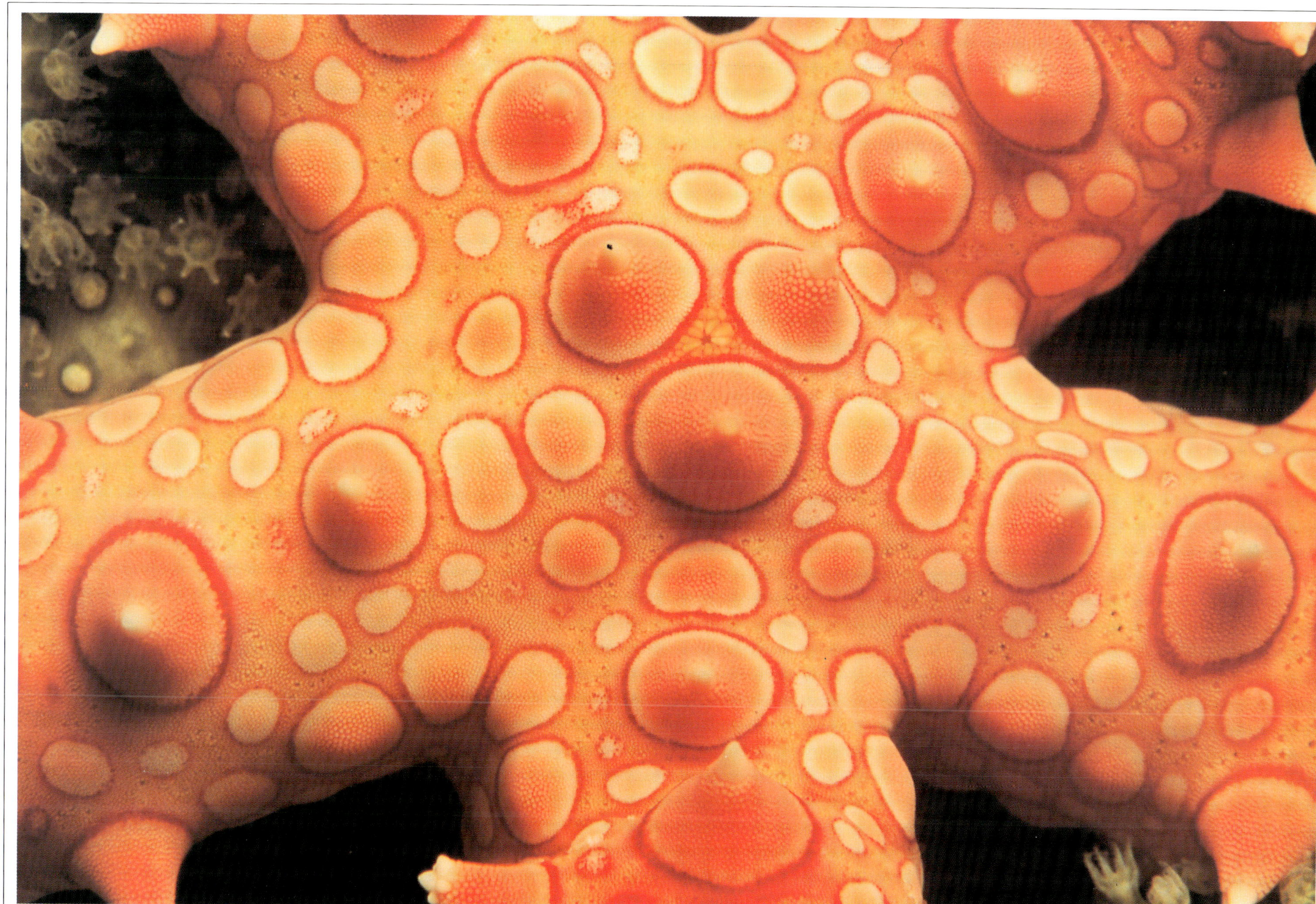

Seeigel - Echinoidea

Als besondere Delikatesse der Drückerfische haben die Seeigel allen Grund, eher nachtaktiv zu sein. Tagsüber verstecken sie sich in Spalten und Löchern, und nachts grasen sie den Grund nach Algen und Mikro-Organismen ab. Durchmesser und Länge der Stacheln können extrem variieren (z.B. Griffel- und Diadem-Seeigel). Bei diesen Tieren herrscht eine dunkle Färbung vor. Der Mund befindet sich zentral auf der unteren Seite des Tieres und verfügt über fünf bewegliche Zähne. Auf der oberen Seite befindet sich gegenüberliegend der After. Fünf Ambulakralplatten, die vom Mund zum After führen, bilden mit den dazwischen liegenden Interambulakralplatten das Kalkgehäuse. Einige Seeigel tarnen sich mit allerlei "Fundgegenständen" (Algen, Seegras, Muschelschalen- und Korallenbruchstücken). Andere Seeigelarten können sich in Korallenkolonien einbohren, nur ihre spitzen Stacheln erheben sich noch über die Einbuchtung. Selten sind die Stacheln der Seeigel giftig, jedoch meist sehr brüchig. Bitte tauchen und schnorcheln Sie rücksichtsvoll. Unvorsichtige werden von den Seeigeln hart bestraft. Durch Seeigel verursachte Verletzungen sind schmerzhaft und heilen schlecht, da ihre Stacheln sehr schwierig und manchmal nur operativ zu entfernen sind.

Seegurken - Holothuroidea

Bei den Seegurken ist die fünfstrahlige Radiärsymmetrie äußerlich kaum noch zu erkennen. Zur Fortbewegung benutzen sie drei Reihen der Amburakralfüßchen am Bauch. Zwei Reihen sind zu einziehbaren Noppen, Warzen oder pickelartigen Erhebungen umgebildet, die über die Körperoberfläche verteilt sind, bei manchen Arten aber auch zurückgebildet sein können. Ihr Kalkskelett hat sich auf mikroskopisch kleine Teile vermindert. Die Schlangengurken (Synaptidae) bestehen nur noch aus einem dünnen Schlauch und werden von Malediven-Neulingen oft mit schlafenden Schlangen verwechselt. Am vorderen Ende ihres weichen gurkenähnlichen Körpers haben sich für die Nahrungsaufnahme Amburakralfüßchen zu federartigen und einziehbaren Tentakeln geformt. Mit diesen Tentakeln fangen sie Plankton oder weiden Feinbewuchs und organischen Abfall vom Riff ab. Andere Arten nehmen Unmengen von Sand in sich auf, verdauen die organischen Teile und stoßen den "gesäuberten" Sand durch den After am anderen Ende wieder aus.
Zum Schutz vor möglichen Feinden graben sich einige Arten tagsüber in den Sand. Viele sind jedoch tagaktiv, da sie durch ihr Gift kein Bestandteil der Speisekarte von anderen Tieren sind. Bei Gefahr können einige Arten weiße, klebrige Fäden (Cuvierische Schläuche) durch den After ausstoßen.

Schlangen-Seegurke (Synapta sp.)
Griffel-Seeigel (Heterocentrotus mammilatus)

CHORDATIERE - CHORDATA

Stamm | **Unterstamm** | **Klasse**

- **Chordatiere - Chordata**
  - **Manteltiere - Tunicata**
    - **Seescheiden - Ascidiacea**
    - **Salpen- Thaliacea**
  - **Wirbeltiere - Vertebrata**
    - **Knorpelfische - Chondrichthyes**
    - **Knochenfische - Osteichthyes**
    - **Kriechtiere - Reptilia**
    - **Säugetiere - Mamalia**

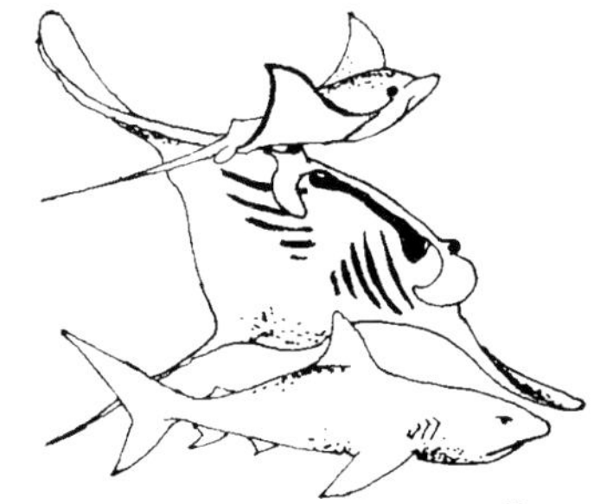

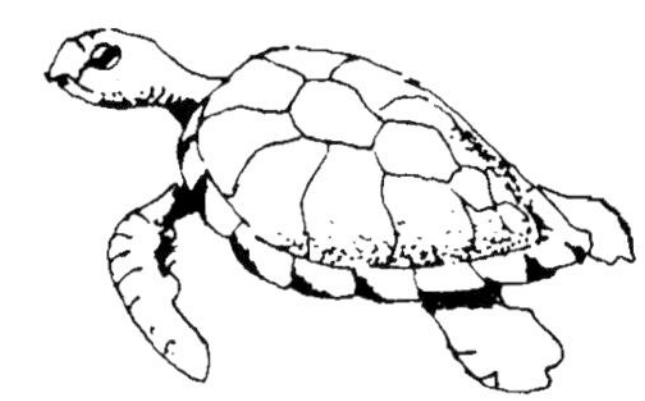

MANTELTIERE - TUNICATA

Weltweit existieren rund 2.100 Arten dieses äußerst interessanten Tierstammes. Verblüffend ist vor allem die Tatsache, daß er verwandtschaftlich den Wirbeltieren sehr nahe steht. Wenn auch nur in ihrer "Jugend", verfügen beispielsweise die Seescheiden über einen Rückenstrang (Chorda), der sich jedoch kurz nach dem Festsetzen der Larve zurückbildet. Namensgebend für dieseTiere ist eine charakteristische Hautabscheidung, die den ganzen Körper schützend wie ein Mantel oder eine Tunika umgibt. Dieser Schutz besteht aus einer zelluloseähnlichen Substanz, dem Tunicin, dessen Existenz im Tierreich einzigartig ist.
Die Manteltiere werden in drei Klassen aufgeteilt: die Seescheiden mit durchweg sessiler Lebensweise, die im freien Wasser lebenden Salpen (Thaliacea) und die Appendicularia. Die Vertreter der letzteren zwei Klassen werden nur selten in die Nähe des Riffes getrieben. An dieser Stelle wird deshalb nicht näher auf sie eingegangen.

Seescheiden - Ascidiacea

Die Seescheiden sind mit einer gelatine- oder lederartigen Hülle umgeben. Sie leben als erwachsene Tiere immer sessil, d.h. am Untergrund festgewachsen, und sind in verschiedenen Erscheinungsformen anzutreffen. Je nach Art leben sie einzeln, in Gruppen oder in Kolonien. Einzele Arten können bis zu 20 cm groß werden, wobei die koloniebildenden Vertreter meist so klein sind, daß die gesamte Kolonie nur ein paar Zentimeter mißt. Obwohl Seescheiden oft in dunklen Ecken und Überhängen wachsen, verblüffen besonders die kleinen Arten mit ihren bunten Farben. Bei den koloniebildenden Arten gibt es zwei verschiedene Formen des Zusammenlebens. Die sozialen Arten stehen nur an der Basis mit den anderen Seescheiden der Kolonie in Verbindung . Bei ihnen sind die Verdauungssysteme aller Koloniemitglieder miteinander verbunden und somit können Seescheiden die selbst keine Nahrung aufgenommen haben, von den anderen mitversorgt werden. Die Vertreter der zweiten Gruppe der koloniebildenden Seescheiden werden Synascidien genannt. Bei diesen Seescheiden sind alle Einzeltiere einer Kolonie in einen gemeinsamen Mantel gehüllt, ohne daß ihre Verdauungssysteme untereinander verbunden sind. Die Ausströmöffnungen von jeweils einer kleinen Gruppe von Einzeltieren münden in eine gemeinsame Ausströmöffnung. Die Einströmöffnungen sind oft sehr schön angeordnet und bilden ein artspezifisches Muster.
Die Seescheiden haben ein Pump- und Filtersystem zur Aufnahme der aus Mirkoorganismen bestehenden Nahrung. Durch unermüdliches Schlagen mit den zarten Wimpern in der Einströmöffnung wird das Wasser in die Seescheide gestrudelt. So schafft es eine nur 3 cm große Seescheide, in einer Stunde einen ganzen Liter Wasser zu filtern, wobei feine organische Nahrungspartikel und gelöster Sauerstoff in einem siebartigen Körperteil, dem für die Manteltiere charakteristischen Kiemendarm, zurückgehalten werden. Dort bleiben sie an einer Schleimschicht hängen, und durch eine Wimperrinne werden sie dem Schlund zugeführt. Die gesamte Schleimschicht wird langsam verdaut, und für die nächste Mahlzeit wird eine neue gebildet. Das gefilterte Wasser fließt durch einen Körperhohlraum wieder aus der Ausströmöffnung des Tieres, die meist etwas seitlich liegt.
In diesem Hohlraum münden auch der Enddarm und die Geschlechtsorgane der meist zwittrigen Tiere. Somit werden sowohl deren Exkrete als auch die Geschlechtsprodukte durch den Wasserstrom ausgespült. Letztere befruchten sich dann in den meisten Fällen im freien Wasser. Bei koloniebildenden Seescheiden kann es auch zur Bildung von Bruttaschen

im Hohlraum der Tiere kommen. Dort werden die darin befindlichen Eizellen von den ins Wasser abgegebenen männlichen Keimzellen befruchtet. Die freischwimmenden Larven, die mit ihrem Ruderschwanz einer Kaulquappe ähnlich sehen, verlassen dann ihre Bruttaschen und den Hohlraum der Seescheide. Nach einer meist kurzen Larvenentwicklung setzen sie sich auf einem geeigneten Untergrund fest, und zwar ihr Leben lang. Dort reduziert sich auch ihr Ruderschwanz, und sie entwickeln sich zur ausgewachsenen Seescheide. Bei einigen Arten findet auch eine ungeschlechtliche Vermehrung durch Knospung statt. Dies führt meist zur Koloniebildung. Obwohl sich Seescheiden und Schwämme in der Lebensweise und manchmal sogar optisch sehr ähneln, unterscheiden sie sich dennoch eindeutig durch die Anordnung der Ein- und Ausströmöffnungen. Die solitär lebenden Seescheiden verfügen außerdem über die Fähigkeit, auf Reize reagieren zu können. Durch das Vorhandensein von Tastnerven können sie bei einer leichten Berührung ihre Öffnungen schließen. Dies ist eine Möglichkeit, Seescheiden von Schwämmen zu unterscheiden - aber bitte mit größter Vorsicht, um dem Tier nicht zu schaden!

Koloniebildene Seescheide (Didemnum sp.)
Einzeltiere einer nicht näher bestimmten Seescheidenkolonie
Grüne Riffseescheide (Didemnum molle)
Koloniebildende Seescheide (Didemnum sp.) umwächst eine Gelbe Keulenascidie (Clavelina cyclus)

WIRBELTIERE - VERTEBRATA

KNORPELFISCHE - CHONDRICHTHYES

Fische sind stammesgeschichtlich eine sehr alte Tiergruppe, und sie waren die ersten Wirbeltiere überhaupt. Bereits vor einigen hundert Millionden Jahren lebten in den Meeren die sogenannten Schalenhäuter oder Ostracodermata, Arten, die den heutigen Rundmäulern oder Clylostomata (z.B. Neuenaugen) ähnelnten. Sie unterschieden sich jedoch eindeutig von den heute lebenden Formen durch ein Knöchernes Außenskelett. Als Kieferlose werden sie bezeichnet, weil sie keine Kiefer hatten, dadurch also nicht in der Lage waren, ihre Mäuler zu öffnen und zu schließen.
Die ersten fossilen Kieferlosen waren noch keine Jäger, sondern "Strudler". Sie lebten von pflanzlichen und tierischen Zerfallstoffen und Plankton. Diese Nahrung filterten sie mit ihrem Kiemendarm aus dem Wasser. Untersuchungen der ältesten Fossilienreste weisen ein Alter von ca. 450 Jahren auf. Daraus schließt man, daß es die Kieferlosen bereits vor rund 500 Millionen Jahren gab. Aus ihnen haben sich schließlich die Neunaugen und die Inger entwickelt. Mit den Kieferlosen teilte sich eine andere große Gruppe von Fischen den Lebensraum der damaligen Meere. Sie sind längst ausgestorben und werden als Plattenhäuter oder Placodermi bezeichnet. Auch ihre Körper war im Bereich von Kopf, Schulter und Bauch von einem schützenden Knochenpanzer bedeckt. Daher stammt bei beiden Gruppen wohl die Bezeichnung Panzerfische.

Die Kiefer der Plattenhäuter waren bereits mit Zähnen oder Schneideplatten bestückt. Aus diesem Grund werden sie mit einer heute ausgestorbenen Gruppe, den Acanthodii, als die ältesten kiefertragenden Wirbeltiere und somit als die ersten "echten Fische" angesehen. Die Kau- und Schneideapparate entwickelten sich weiter und paßten sich an die verschiedenen Lebensräume an. Somit erschlossen sie alle Nahrungsquellen, die den Kieferlosen verschlossen blieben. Die Meere und auch das Süßwasser wurden von ihnen erobert. Dementsprechend entwickelte sich eine große Formenvielfalt. In den Meeren lebten sogar räuberische Arten mit über acht Metern Körperlänge.
Da der Körperbau der verschiedenen Gruppen von Plattenhäutern zum Teil erheblich voneinander abweicht, ist es fraglich, ob es sich bei ihnen wirklich um eine einheitliche Verwandtschaftsgruppe handelt. Nicht fraglich ist, daß sich aus ihnen im Laufe der Jahrmillionen die beiden Klassen der heute lebenden Knorpel- und Knochenfische entwikkelten.

Die ersten Knorpelfische, die vor ca. 400 Millionen Jahren erschienen, werden als Vorfahren der heutigen Haie betrachtet. Urtümliche Exemplare mit endständigen Mundöffnungen, kleinen Zähnen, großen Augen und symmetrischen Schwanzflossen bevölkerten die Meere. Doch bereits vor 175-140 Millionen Jahren entwickelten sich aus ihnen die ersten Vertreter der heute noch lebenden Gattungen. Die meisten Haie haben ihre heutigen Körperformen bereits vor 100 Millionen Jahren angenommen und bis heute kaum verändert. Später entwickelten sich aus ihnen die erdgeschichtlich deutlich jüngeren Rochen.
Bezeichnend für Rochen ist eine mehr oder weniger abgeplattete Körperform. Stechrochen erscheinen wie riesige Diskusscheiben, die dicht über das Riff gleiten, und die Adler- und Mantarochen erinnern durch ihre flugartigen Schwimmbewegungen im freien Wasser an große Vögel.

Alle Knorpelfische, ob Haie oder Rochen, sind ausschließlich Fleischfresser. Einige haben Vorlieben für eine ganz bestimmte Beute entwickelt. So ernähren sich beispielsweise die Adler- und Stechrochen bevorzugt von Muscheln, die sie am Grund aufspüren. Jungtiere suchen ihre Leckerbissen aus der oberen Schicht von losem Sediment. Die älteren Tiere sind in der Lage, zu diesem Zwecke auch tiefe Löcher auszubuddeln. Paradoxerweise ernähren sich einige der größten Knorpelfische von der kleinsten tierischen Beute, dem Zooplankton. Es sind die Walhaie und die Manta-Rochen, die mit weit geöffneten Mäulern durch die Planktonsuppe schwimmen und dadurch Krebstiere und Fischlarven sowie andere Kleinstlebewesen aus dem Wasser filtern.
Wie aus dem Namen ersichtlich ist, besteht das Skelett der Knorpelfische nur aus Knorpelsubstanz. Durch ihre speziellen Schuppen ist die Haut mehr oder weniger rauh. Früher wurde die Haut von Haifischen beispielsweise als Schleifpapier benutzt. Außerdem verfügen die Knorpelfische weder über eine Schwimmblase noch über Kiemendeckel.
Viele Knorpelfische gebären lebend, d.h. vivipar, einige sind ovovivipar. Auch bei ihnen

werden die Jungtiere lebensfähig geboren. Vor der Geburt schlüpfen sie aus den Eiern, die nach der inneren Befruchtung noch bis zur vollendeten Reifung im Mutterleib bleiben. Nur wenige Knorpelfische sind ovipar. Deren beutelähnliche, befruchtete Eier werden am Riff befestigt, und nach vollendeter Entwicklung schlüpfen die Jungfische aus der Eihülle.

Erst seit 40 Jahren werden die Haie erforscht, und nach jahrelangen aufwendigen Reihenuntersuchungen an verschiedenen Haiarten kamen die Forscher zu einem erstaunlichen Ergebnis: Haie sind anscheinend gegen die von der Menschheit so gefürchteten, gefährlichen Krebskrankheit resistent. Nach dieser erstaunlichen Feststellung begann in den letzen Jahren eine intensive Krebsforschung am Hai. In den USA erschien zu diesem Thema auch bereits ein Buch unter dem Titel "Sharks don't get Cancer". Darin wird die "wundersame" Wirkung der in Haiknorpel befindlichen Substanzen beschrieben, die eine Neubildung von Blutgefäßen verhindert. Diese sogenannten Inhibitoren sollen dadurch den Krebstumor stoppen, da dieser auf solche neugebildeten Blutgefäße für seine Entwicklung angewiesen ist. Sobald diese Inhibitoren erstmals extrahiert und isoliert werden konnten, wurden deren scheinbare Fähigkeit und diese neue Erkenntnis über die Haie von amerikanischen und japanischen Pharmaindustrien umgehend in einen äußerst lukrativen Geschäftszweig umgewandelt.
Als Antikrebsmittel kam ein Medikament namens "Shark Cartilage" auf den Markt, das jedoch merkwürdigerweise nicht in Apotheken, sondern in Reformhäusern verkauft wird. Somit konnte die strenge Medikamenten-Kontrolle in den Staaten durch die FDA (Food and Drug Administration) umgangen werden. Die Hoffnungslosigkeit vieler Krebskranker hat den Verkauf dieser Pillen explosionsartig gesteigert, und man schätzt, daß allein in Japan für dieses Medikament momentan 3.500 Kilogramm Haiknorpelmasse pro Jahr verarbeitet werden. Rücksichtslos werden deshalb Tausende von Haien abgeschlachtet. So ist wieder ein neuer Grund für den Raubbau an den weltweit schon stark geschwächten Hai-Beständen gegeben.

Zum Schutze der Haie wurde vom amerikanischen Handelsministerium am 26. April 1993 eine Gesetzesnovelle verabschiedet, die eine strenge Fanquotenregelung vor der amerikanischen Ostküste vorsieht. Ein zusätzlicher Gesetzestext soll 1994 in Kraft treten, wodurch weitere Haiarten vor dem Aussterben geschützt werden sollen. Aber wie immer werden diese lokalen Gesetze wenig Erfolg bringen. Dadurch wird die Ausbeutung der Natur nur in ein anderes Gebiet der Erde verlegt.
Leider ist zuvielen Geschäftemachern die Zukunft der Natur absolut gleichgültig, und ihre egoistische und rücksichtslose Verhaltensweise läßt sie nur an eigene materielle Vorteile denken. Obwohl durch die Forschung noch nicht eindeutig erwiesen ist, daß diese Knorpelsubstanz die Bildung eines Tumores verhindert oder heilt, werden die Tiere abgeschlachtet und vermarktet. Andere Erkenntnisse aus der Haiforschung besagen, daß die Tiere durch ihr hocheffizientes Immunsystem vor Krebserkrankungen gefeit sind, und daß nicht allein die Knorpelsubstanz eine Tumorbildung verhindert. Man zweifelt an der Wirkung dieses "krebshemmenden Medikamentes", und es wird sicher noch eine Weile dauern, bis durch intensive Forschung der wahre Grund der Resistenz der Haie gegen Krebs bewiesen ist. Fraglich ist, ob dann noch genügend Haie leben, um diese Erkenntnisse zu nutzen?

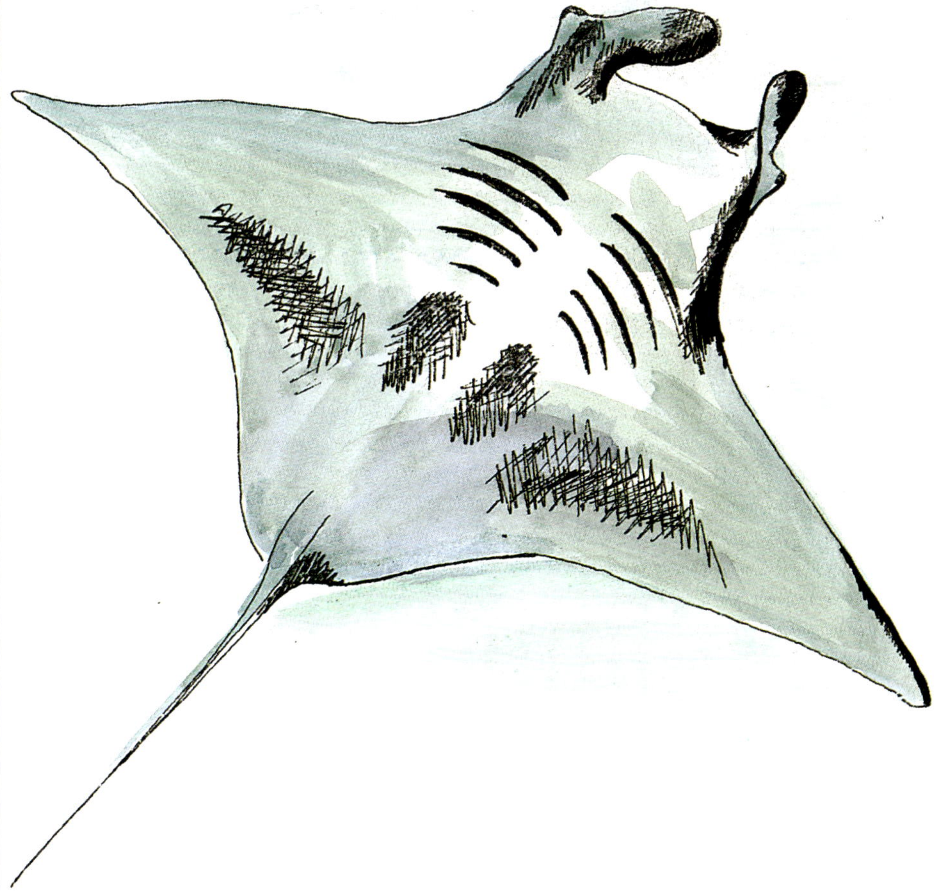

HAIE - SELACHII

AMMENHAIVERWANDTE - ORECTOLOBIFORMES

Ammenhaie - Orectolobidae

Tagsüber kann man die nachtaktiven Ammenhaie schlafend in Höhlen oder unter Überhängen antreffen. Dort kann man sie problemlos aus der Nähe beobachten. Auf keinen Fall sollte man diese harmlosen Haie stören, da sie sich sonst andere Schlafplätze suchen. Leider wurden auf diese Weise schon viele von ihnen durch sensationslüsterne und "todesmutige" Fotografen und Filmer für immer verscheucht. Inzwischen wissen bereits auch Schnorchler und Schwimmer, daß diese Haie nur von kleinen Fischen und vorwiegend Wirbellosen leben, und daß zu solchen Aufnahmen nicht viel Mut gehört. Dies trifft aber nicht immer zu. Zu recht sollen sich einige mißhandelte Ammenhaie schon äußerst tatkräftig gewehrt haben. Die stumpfe und gedrungene Kopfform, die zwei getrennten Rückenflossen und die lange Schwanzflosse sind typisch für diese grauweiß gefärbten Haie. Ihre Augen sind klein, und an den Nasenöffnungen über dem Mund befinden sich zwei Barteln zum Aufstöbern von Nahrung. Die Zähne sind stumpf, aber trotzdem sehr kräftig.
Die seltenen Leopardenhaie haben dieselben typischen Ammenhai-Merkmale wie die Gelbbraunen Ammenhaie. Sie unterscheiden sich jedoch eindeutig durch ihre ockergelbliche Grundfärbung und die braun gepunktete, gekantete Körperoberfläche. Diese ebenfalls ungefährlichen Haie schlafen tagsüber auf freien Sandflächen und gehen nachts auf Jagd nach kleinen Fischen und Wirbellosen. Die oviparen Leopardenhaie befestigen ihre Eier am Meeresgrund, aus denen nach etwa neun Monaten die Jungtiere schlüpfen. Gelbbraune Ammenhaie dagegen sind ovovivipar und bringen vier oder mehr lebende Junge zur Welt.

Walhaie - Rhincodontidae

Einen Walhai zu sehen, ist wohl mit der schönste Höhepunkt im Leben eines Tauchers. Sie sind die größten existierenden Fische überhaupt und schwimmen oft nahe an der Wasseroberfläche. Mit viel Glück haben auch schon Schnorchler diese planktonfressenden und völlig ungefährlichen Riesen gesichtet. Gelegentlich gesellen sie sich in die Nähe des Bootes und sind sehr neugierig und zutraulich, solange man sie nicht berührt. Sie haben einen scheinbar gemütlichen Schwimmstil, und die Fortbewegung erfolgt durch ihre übergroße, gegabelte Schwanzflosse. Die Augen dieser tag- sowie nachtaktiven Fische sind auffällig klein. Ihre dunkelblaue Körperoberfläche ist mit weißen Punkten übersät und die Bauchseite blendend weiß. Ihr Maul erscheint im Verhältnis zur Größe klein, ist aber sehr breit. Zum Nahrungserwerb wird das Maul möglichst weit aufgesperrt, und so schwimmen sie durch die Planktonsuppe. Das gefilterte Wasser fließt durch die seitlichen Kiemenöffnungen wieder aus.

Leopardenhai (Stegosoma varium)
Walhai (Rhincodon typus)
Gelbbrauner Ammenhai (Nebrius concolor)

GRUNDHAIE - CARCHARHINIFORMES

Menschenhaie - Carcharhinidae

Die Namensgebung Menschenhaie war sicher keine glückliche Wahl und trägt viel zum Mythos der "bösen und gefährlichen" Haie bei. Haie sind nicht die gefräßigen Bestien, wie sie oft in den Medien und in Filmen dargestellt werden. Im Gegenteil, vor allem die in Riffnähe lebenden Vertreter sind faszinierende und elegante Fische, die man gefahrlos beobachten kann. Die leichter reizbaren Hochseehaie, die draußen im offenen Meer leben, werden für spektakuläre Reportagen tagelang mit riesigen Mengen Blut und Fischabfällen angelockt. Nur so ist es möglich, die abschreckenden und mediengerechten Haiaufnahmen zu machen.

Die Weißpitzenriffhaie kann man als Taucher oder Schnorchler sehr oft sehen. Diese schlanken Haie patrouillieren tagsüber einzeln oder in kleinen Gruppen im Riff, oder sie schlafen auf freien Sandflächen mit leichter Strömung. Die frühere Annahme, daß alle Haie immer schwimmen müssen, damit sie nicht ersticken, ist damit auch widerlegt. Die Grundfarbe der Weißpitzenriffhaie ist graubraun, und die Spitzen der Rückenflosse und der oberen Gabelung der Schwanzflosse sind leuchtend weiß. Ihre Nahrung besteht aus Fischen, Tintenfischen und Krebstieren, denen sie in der Dämmerung und in der Nacht nachstellen. Jungtiere der Schwarzspitzenriffhaie, eines bis auf die schwarz gefärbten Flossenspitzen ähnlichen Vertreters, kann man manchmal im wadentiefen Wasser vor Sonnenuntergang beobachten.

Graue Riffhaie halten sich vorzugsweise an strömungsexponierten Tauchplätzen in großen Kanälen oder deren Nähe auf. Eine eindrucksvolle Begegnung und für viele Taucher ein unvergeßliches Erlebnis ist es, eine Gruppe mit zahlreichen Tieren zu sehen. Graue Riffhaie sind größer, kräftiger und muskulöser als die Weißpitzenriffhaie. Die Brust- und Schwanzflossen sind schwarz und die erste Rückenflosse weiß gesäumt. Leider wurden die eleganten Raubfische in den letzten Jahren an einigen Tauchplätzen vermehrt von Laien angefüttert. Diese nicht ungefährlichen Shows sind heute zum Glück verboten, da es nicht selten zu Verletzungen von "Möchte-gern-Dompteuren" gekommen ist. Diese Attraktion bedarf unbedingt langjähriger Erfahrung und Kenntnisse dieser Tiere. Außerdem sind diese Fütterungen gar nicht nötig, da man die Grauen Riffhaie auch unter natürlichen Umständen gut beobachten kann.

Die Menschenhaie sind vivipar. Bei der Kopulation beißen sich die Männchen oft am Weibchen fest. Die daraus entstandenen Verletzungen kann man gut und manchmal lange an den Kiemenschlitzen und Bauchflossen erkennen. Vor der Geburt ziehen die Männchen in ein anderes Gebiet. Die Weibchen werden durch eine Beißhemmung am Verzehr ihrer Jungen gehindert.

Grauer Riffhai (Carcharhinus amblyrhynchus)
Grauer Riffhai mit einem kleinen Schiffshalter (Echeneis naucrates) an der Körperunterseite

ROCHEN - BATOIDEA

ECHTE ROCHEN- RAJIFORMES

Geigenrochen - Rhinobatidae

Die Geigenrochen haben eine außergewöhnliche Erscheinungsform. Durch ihre haiförmige hintere Körperhälfte werden sie leicht mit einem Hai verwechselt. Das unverkennbare Merkmal der Geigenrochen ist jedoch die abgeplattete dreieckige Kopfform, die vorne wie eine langgezogene Nase endet. Die Maul- und Kiemenöffnungen sind auf der Körperunterseite. Die bräunliche Oberfläche weist helle Punkte auf, und im Gegensatz zu ihrer Schwanzflosse sind die zwei Rückenflossen recht groß und hoch. Sie leben bevorzugt auf Sandflächen in tiefen Riffregionen unterhalb der normalen Tauchtiefen und sind daher bei Tauchgängen nur selten zu sehen.

Umsomehr überrascht dann manchmal ein Geigenrochen, der im extremen Flachwasserbereich einer Insellagune gesichtet wird. Und zwar macht er seinen "spektakulären Spaziergang" in so flachem Wasser, daß seine Rückenflosse aus dem Wasser ragt. Der Gedanke an einen patrouillierenden Hai löst leicht unnötige Panik aus, die dann durch die Tauchcrew oder andere Kenner behoben wird.

Die bevorzugte Nahrung der Geigenrochen besteht aus Wirbellosen, die sie am Grund aufstöbern.

STECHROCHENARTIGE - MYLIOBATIFORMES

Adlerrochen - Myliobatidae

Die anmutigen Adlerrochen bieten richtige Flugshows und bewegen sich mit ihren eleganten Flügelschlägen wie Vögel. Oft formieren sie sich in größeren Gruppen und ziehen durch strömungsexponierte Gebiete am Außenriff. Ihre dunkle Körperoberseite ist gleichmäßig mit weißen Punkten übersät. Der sehr dünne Schwanz ist länger als die Fische selbst und hat an der Schwanzbasis einen kleinen Stachel. Auf ihrem rundlichen Kopf sitzt eine kurze, spitze Nase. Die Augen liegen seitlich, und dahinter befinden sich jeweils die Wassereinströmöffnungen für die Sauerstoffversorgung. Durch die Kiemenöffnungen auf ihrer hellen Unterseite fließt das Wasser wieder ab.

Normalerweise trifft man sie in den Abendstunden auf sandigen oder schlickigen Meeresgründen, wo sie in einer Wolke von "Mitzuverpflegenden" nach Nahrung wühlen. Manchmal fressen sie auch kleine Fische und Krebse, die sie im freien Wasser fangen.

Großer Geigenrochen (Rhynchobatus djiddensis)
Gepunkteter Adlerrochen (Aetobatus narinaris)
Der Traum eines jeden Tauchers: Ein Schwarm Gepunkteter Adlerrochen mit über 35 Tieren

Teufelsrochen - Mobulidae

Diese eleganten Hochseebewohner mit Größen bis zu sieben Metern Spannweite kommen zu bestimmten Jahreszeiten in die Riffregionen. Mit kräftigen Flügelschlägen durchstreifen sie das planktonreiche Wasser meist in lockeren Gruppen oder treffen sich an ihren Stammplätzen. Dabei handelt es sich um ganz bestimmte Putzerstationen, die sich anscheinend auf Mantas spezialisiert haben. Unzählige Putzerfische "reinigen" ihre Kunden auf den meist großen, hügelförmigen und strömungsexponierten Korallenkolonien. Dort kann man oft einem oder mehreren Mantas zusehen, die wie an einer Tankstelle "Schlange segeln", bis sie bedient werden. Andere kreisen über der Putzerstation wie Flugzeuge, die Warteschleifen fliegen. Verhält man sich ganz ruhig und bleibt am Grund, sind diese Fische oft neugierig und kommen zum Begutachten ihres Publikums sehr nahe. Bei genauer Beobachtung und etwas Geduld werden sie auch sehen, daß die Mantas mit den Augen zwinkern können!
Die Teufelsrochen sind Planktonfresser und schwimmen mit weit geöffnetem Maul und ausgerollten Kopflappen durch das planktonreiche Wasser. Durch die normalerweise eingerollten, hörnerartigen Fortsätze haben diese Rochen auch ihren deutschen Namen erhalten. Die Teufelsrochen sind vivipar, und die Jungtiere werden voll entwickelt geboren.

Manta (Manta birostris)
Die kleineren Mobulas (Mobula sp.) gehören ebenfalls zu den Teufelsrochen
Mantas (Manta birostris) an einer Putzstation über dem Riffdach

Stechrochen - Dasyatidae

Die Stechrochen sind typische Bodenbewohner und schwimmen mit wellenartigen Bewegungen des Flossensaumes dicht über den Grund. Ihr Körper sieht einer flachen Scheibe ähnlich. Die Augen befinden sich jeweils neben den Öffnungen, durch die Wasser zur Sauerstoffversorgung angesaugt wird, die Maul- und die Kiemenöffnungen sind auf der bodenzugewandten Seite. Das Wasser wird manchmal absichtlich mit Druck aus den Kiemenspalten herausgepreßt. Dadurch wird viel Sand aufgewirbelt, mit dem sie sich zur Tarnung zudecken. Ihr körperlanger Schwanz ist mit ein bis zwei giftigen, mit vielen Widerhaken besetzten Stacheln bewaffnet. Mit dieser Verteidigungswaffe können die Stechrochen ihren Feinden schlecht heilende Wunden zufügen. Sie schlagen damit wie mit einer Peitsche über den Kopf, wo ihre Augen erkennbar sind. Sie verlassen sich auf ihre Tarnung und bleiben auch bei Annäherung von Menschen so liegen. Deshalb ist auch eine Sandlagune vorsichtshalber zu durchschnorcheln oder -schwimmen. Gegebenenfalls sollte man sie mit schlurfenden Schritten durchwaten, damit die im Sand versteckten Tiere die Möglichkeit haben zu flüchten. Sonst könnten sie sich bedrängt fühlen und gezwungen werden, sich zu verteidigen.

Verletzungen durch Meerestiere sind immer mit Salzwasser auszuwaschen. Das alkalische Gift vom Stachel der Stechrochen kann danach mit säurehaltiger Flüssigkeit (Zitronensaft oder Essig) neutralisiert werden. Nach den Erste-Hilfe-Maßnahmen ist es bei Verletzungen durch Meereslebewesen immer angebracht, einen Arzt aufzusuchen .

ZITTERROCHEN - TORPEDINIFORMES

Zitterrochen - Torpedinidae

Die Zitterrochen sind die kleinsten Rochen, die man in den maledivischen Riffen antreffen kann. Sie leben am Riffgrund oder schwimmen dicht darüber hinweg. Ihr Vorderkörper hat eine wie bei fast allen Rochen übliche tellerartige, flache Form. Der hintere Teil erinnert durch den dicken Schwanzstiel mehr an einen Fisch und hat mit dem üblichen Erscheinungsbild eines Rochens keine Ähnlichkeit. So hatte ich bei meiner ersten Begegnung mit diesem Fisch große Bestimmungsprobleme.

Die bräunliche Körperoberseite der Marmorierten Zitterrochen ist dunkel gesprenkelt. Ihre Augen befinden sich auf der Oberseite, der Mund und die Kiemenöffnungen auf der Unterseite des Körpers. Vor ihren Feinden können sie sich sehr wirksam mit elektrischen Organen wehren. Sie können damit Stromstöße bis zu 300 Volt abgeben. Außer zur Verteidigung ist diese Fähigkeit den Zitterrochen auch beim Nahrungserwerb sehr nützlich, indem sie die am Grund aufgewühlten kleinen Fische und Krebstiere damit betäuben können.

Schwarzpunkt-Stechrochen (Taeniura melanospilos)
Marmorierter Zitterrochen (Torpedo sinuspersici)

KNOCHENFISCHE - OSTEICHTHYES

Es ist eine weitverbreitete Meinung, daß sich Knochenfische erst nach den Knorpelfischen entwickelt haben, das stimmt jedoch nicht. Komplizierte physikalische Messungen haben ergeben, daß die ältesten Fossilienfunde von Knochenfischen einer Epoche zuzuschreiben sind, die vor der Entstehung der Knorpelfische liegt. Diese Messungen sind zuverlässig, und das Ursprungsdatum kann präzise definiert werden. Das heißt, die ersten Knochenfische lebten bereits vor den Knorpelfischen!
Heute gibt es nur noch wenige der ursprünglichen Knochenfischarten in unseren Gewässern. Die meisten Vertreter der alten Gruppen sind ausgestorben. Die weltweit existierenden Knochenfische haben sich ungefähr gleichzeitig mit den Vertretern der ersten heute noch lebenden Haigattungen vor ungefähr 175 bis 140 Millionen Jahren entwickelt. Es dauerte aber bis in die erdgeschichtliche Neuzeit, bis die "Modernen Knochenfische" sämtliche Lebenräume des Meeres und des Süßwassers eroberten und besiedelten.
Die Knochenfische hatten jedoch die Fähigkeit, wesentlich mehr neue Arten als die Knorpelfische zu bilden. Das erklärt dic Tatsachc, daß heute pro Knorpelfischart mindestens 36 Arten Knochenfische existieren. Die meisten Knochenfische haben im Gegensatz zu den Knorpelfischen eine Schwimmblase entwickelt. Jeder Taucher kennt den praktischen Zweck einer Tarierweste, die es ihm erlaubt, in jeglicher beliebigen Tiefe schwerelos dahin-zuschweben. Denselben Dienst leisten die Schwimmblasen der Knochenfische, bis auf wenige Arten, bei denen die durch die bodengebundene Lebensweise nicht nötig ist.

Das charakteristische Merkmal der Knochenfische ist das mehr oder weniger verknöcherte Skelett. Ein wichtiger Unterschied zu den Knorpelfischen ist bei den meisten Vertretern das Vorhandensein eines knöchernen Kiemendeckels.
Die meisten Knochenfische sind ovipar. Eier und Samen werden nach Paarungsritualen in das freie Wasser abgegeben. Dort bilden sich aus den befruchteten Eiern Larven, und diese leben nach dem Schlüpfen planktonisch, bis sie sich zu Jungfischen entwickelt haben.
Einige Familien, wie Drücker-, Anemonen-, Schleimfische und Grundeln, befestigen ihre Eier am Grund und betreiben Brutpflege. Bis zum Schlüpfen der Larven werden die Eier gehegt und teils tatkräftig verteidigt. Bei den Seenadeln und Seepferdchen hüten die Männchen die Eier in ihren Bruttaschen. Kardinalbarsche sind Maulbrüter und bieten so den Eiern und später auch den Jungfischen einen sicheren Platz.
Knochenfische laichen nicht nur paarweise sondern manchmal auch in Gruppen. In den meisten Fällen erfolgt die Fortpflanzung zum Zeitpunkt der Abenddämmerung, wenn die Mehrzahl der eierfressenden Fische bereits schläft.

AALARTIGE - ANGUILLIFORMES

Meeraale - Congridae

Wie lange, dicke Spaghetti ragen unzählige Röhrenaale aus strömungsexponierten Sandflächen. Dort schnappen sie nach vorbeitreibendem Plankton, wobei sie sich genau an ihre Reviergrenzen halten. Normalerweise verlassen sie die Wohnhöhlen nie und sind somit als einzige Fische fast sessil geworden. Sie leben einzeln und ziehen nur während der Paarungszeit in dieselbe Röhre. Zur Befruchtung werden die Eier in das freie Wasser abgegeben. Ihre Flossen haben sich bis auf eine kleine Rückenflosse zurückgebildet. Wie die Muränen und Schlangenaale haben auch die Meeraale keine Schuppen. Ihre Körperfärbung weist vorwiegend dunkle Farbmuster auf, und die Augen und das Maul sind verhältnismäßig groß.
Bei geringster Störung ziehen sie sich in den Sandboden zurück, und nichts mehr deutet auf ihre Gegenwart hin. Aus sicherer Distanz sind sie oft und gut zu beobachten. Erreicht man jedoch eine gewisse Nähe, so verschwinden sie nach und nach in ihren sicheren Wohnhöhlen. Schon mancher Unterwasserfotograf ist daran fast verzweifelt! Auch Anschleichen, Verstecken oder Luftanhalten hilft nichts. Die schlanken Tierchen sind so aufmerksam, daß ihnen die kleinste Bewegung nicht entgeht. Ohne Tele, Geduld und Glück wird auf dem Foto meist nur eine leere Sandfläche zu sehen sein.

Ohrfleck-Röhrenaal (Heteroconger hassi)
Röhrenaale leben stets in großen Kolonien

Muränen - Muraenidae

Zu unrecht ist der Ruf der Muränen sehr schlecht. So werden sie beispielsweise als äußerst gefährliche Tiere und angriffslustige Bestien verrufen, was nicht zutrifft. Bei angefütterten Tieren ist aber Vorsicht geboten, denn solche Muränen verhalten sich nicht mehr natürlich. Nur angefütterte oder in die Enge getriebene Muränen würden ungewollt beißen. Muränenbisse sind außerdem nicht giftig, wie früher angenommen wurde. Die dabei zugefügten Wunden heilen jedoch durch die meist folgenden Infektionen schlecht.

Das ständige Öffnen und Schließen des Maules, das bei den meisten Arten mit furchterregenden Reißzähnen ausgerüstet ist, sieht zwar beängstigend aus, ist aber keine Drohgebärde, sondern dient der Sauerstoffversorgung. Die zwei mit dem Rachen verbundenen Kiemenöffnungen befinden sich jeweils seitlich hinter dem Kopfansatz. Muränen sind eine der Ausnahmen bei den Knochenfischen, die keine Kiemendeckel besitzen. Ihre Körper sind schlangenförmig und von einer durchgehenden Rückenflosse gesäumt. Nachts und in der Dämmerung durchstreifen die schuppenlosen, muskulösen Jäger das Riff mit schlängelnden Schwimmbewegungen. Sie suchen nach Tintenfischen, Krebstieren oder schlafenden Fischen. Auch Aas gehört auf ihren Speiseplan. Tagsüber ziehen sie sich in ihre Wohnhöhlen zurück, in denen oftmals Putzergarnelen zur Untermiete leben.

Riesenmuräne (Gymnothorax javanicus) mit Putzergarnelen (Stenopus hispidus)
Eine Riesenmuräne spiegelt sich in der Luftblase in einem Wrack

WELSARTIGE - SILURIFORMES

Korallenwelse - Plotosidae

Durch die acht Barteln rund um die Mundöffnung kamen die Korallenwelse auch zum Namen Katzenfische. Mit diesen Schnurrbärten suchen die nachtaktiven Fische im Flachwasser nach Wirbellosen. Als Jungfische haben sie ein Längsstreifenmuster und drängen sich zu einem engformierten Schwarm zusammen. Sind sie einmal ausgewachsen, werden sie zu scheuen Einzelgängern. Die hintere Körperhälfte der Korallenwelse ist aalförmig, jedoch kurz, und ihre Haut ist schuppenlos. Die zweite Rückenflosse, die Schwanz- und die Afterflossen sind zu einem Flossensaum verwachsen. Die Strahlen der ersten Rückenflosse und der Brustflossen verfügen über Giftdrüsen. Bei einer Verletzung durch diese Fische ist deren Gift auch für Menschen sehr schmerzhaft und nicht ungefährlich. Da es sich dabei wie beim Gift der Steinfische um ein Eiweißgift handelt, empfiehlt sich dieselbe Behandlungsmethode (s.S. 124). Natürlich werden die Giftwaffen von Korallenwelsen, wie die von anderen wehrhaften Fischen, nur zu Verteidigungszwecken eingesetzt.

Männchen der Geistermuräne (Rhinomuraena quaesita)
Weißpunkt-Muränen (Gymnothorax meleagris)
Leopard-Muräne (Gymnothorax undulatus)
Gestreifter Korallenwels (Plotosus lineatus)

FADENSEGELFISCHVERWANDTE - AULOPIFORMES

Eidechsenfische - Synodontidae

Durch ihre reptilartige, einer Eidechse ähnlichen Kopfform erhielten diese Fische ihren Namen. Die unauffällige Musterung und Färbung ermöglicht ihnen eine gute Tarnung am Grund. Manchmal graben sie sich noch etwas in den Sandboden ein und lauern regungslos auf vorbeischwimmende Fische. Ist die Beute nahe genug, wird sie mit einem kurzen Sprint überfallen und verschlungen. Auch sonst sind ihre Schwimmaktivitäten sehr kurz aber flink. Ihr runder Körperbau verjüngt sich bis zum Ansatz der Schwanzflosse stark. Die bis auf die Strahlen transparenten Rücken- und Brustflossen halten sie meist stark abgespreizt. Die Augen liegen sehr hoch angesetzt auf ihrem spitzen Kopf. Durch das Aufstützen des Körpers auf die Bauchflossen haben sie eine höhere Kopfposition und somit einen besseren Überblick.

ARMFLOSSER - LOPHIIFORMES

Krötenfische - Antennariidae

Die rundlichen und plumpen Krötenfische sind typische Bodenbewohner und können sich durch ausgezeichnetes Tarnvermögen einwandfrei ihrem Lebensraum anpassen. Die schuppenlosen Fische sind dadurch schwer im Riff zu erkennen und werden nur selten entdeckt. Sie sind bewegungsfaul und warten auf vorbeischwimmende Beute, die mit dem großen Maul blitzartig eingesogen wird. Bei dieser Jagdtechnik hilft den Krötenfischen der erste Rückenflossenstrahl, der lang und verdickt nach vorne ragt und wie eine zu hoch gewachsene Nase aussieht. Mit diesem Auswuchs machen sie ihre Beute neugierig und locken sie so auf Angriffsdistanz. Einige Arten haben vor der Stirn noch ein Anhängsel baumeln, das wie eine angelrutenartige Vorrichtung aussieht.

Die Bauch- und Brustflossen dieser Fische sind armförmig umgebildet. Sie stützen sich damit ab oder bewegen sich langsam darauf vorwärts. Für eine schnellere Fortbewegung können sie wie durch Düsen angetriebene kurze Sprünge machen. Dazu verhelfen ihnen die Kiemenöffnungen hinter den Brustflossen, aus denen sie das Wasser strahlartig hinauspressen und somit einen jetartigen Antrieb erfahren. Bei Gefahr können sie ihr Körpervolumen durch Schlucken von Wasser etwas vergrößern und imponieren damit ihren Feinden ähnlich wie die Kugel- und Igelfische.

Gemeiner Eidechsenfisch (Synodus variegatus)
Eidechsenfisch, Portrait
Blaugefärbter Großer Krötenfisch (Antennarius commersonii)
Gelbgefärbter Warzen-Krötenfisch (Antennarius maculatus)
Rotgefärbter Großer Krötenfisch (Antennarius commersonii)

HORNHECHTVERWANDTE - BELONIFORMES

Hornhechte - Belonidae

Hornhechte halten sich gerne in Inselnähe auf. Ihre Körper sind sehr langgestreckt, und sie haben eine langgezogene Schnauze. Sie verharren meist in großen Gruppen dicht und ruhig unter der Wasseroberfläche. Sobald sich kleine Fische zu nahe an diese Räuber wagen, werden sie blitzartig gefressen. Beim Schnorcheln oder Tauchen am Hausriff kann man sie oft und sehr einfach beobachten, aber sie scheinen fotoscheu zu sein! Immer wenn man in die entgegengesetzte Richtung schaut, kommen sie recht nahe und inspizieren alle Eindringlinge. Sobald man jedoch die Kamera auf sie richtet und versucht, ein Bild zu machen, flüchten sie sofort. Gibt man dann genervt nach einigen Versuchen auf und zieht weiter, so schleichen sie sich von hinten wieder an und setzen ihre Beobachtungen fort!
Wenn sie durch Boote aufgeschreckt werden oder vor Feinden flüchten müssen, springen die Hornhechte aus dem Wasser. Sie machen mit ihren Brustflossen zwar schlagende Flugbewegungen, können jedoch nicht fliegen. Sie sind auch nicht befähigt, zu segeln wie die Fliegenden Fische, da ihnen die speziellen Membranbrustflossen fehlen. Durch starkes Schlagen auf der Wasseroberfläche mit dem unteren Teil der Schwanzflosse können sie sich dennoch weite Strecken über Wasser fortbewegen. Wenn die Großfische gegen Abend auf Jagd sind, sieht man Hornhechte oft springen und über die Wasseroberfläche "rennen".

SCHLEIMKOPFARTIGE - BERYCIFORMES

Eichhörnchen- und Soldatenfische - Holocentridae

Diese Fische halten sich vorwiegend unter Überhängen oder in Höhlen auf, wo sie tagsüber ganz ruhig verweilen und vor Tauchern keine Scheu zeigen. Durch dieses mit einem Wachestehen vergleichbare Verhalten haben sich die Soldatenfische ihren Namen eingehandelt. Nach einer gestreiften amerikanischen Eichhörnchenart kamen die gestreiften Eichhörnchenfische zu ihrer Benennung. Die vorwiegend rote Färbung und die großen, weit vorne liegenden Augen haben diese beiden nachtaktiven Unterfamilien gemeinsam. Die erste Rückenflosse ist meist in einer Nut versenkt, die zweite Rückenflosse und die Afterflosse befinden sich kurz vor dem schlanken Schwanzkiel. Die Schwanzflosse ist stark gegabelt, und die Schuppen sind groß und gut sichtbar.
Die Eichhörnchenfische unterscheiden sich durch die spitzere Kopfform und den nach hinten gerichteten Kiemenstachel eindeutig von den Soldatenfischen. Eichhörnchenfische suchen am Riffgrund nach Würmern, Krebsartigen und kleinen Fischen. Soldatenfische ernähren sich hauptsächlich von Zooplankton.

Hornhechte aus der Gattung Tylosurus
Großdorn-Husar (Sargocentron spiniferum)
Roter Soldatenfisch (Myripristes murdjan)

SEENADELARTIGE - SYNGNATHIFORMES

Trompetenfische - Aulostomidae

Wie alle Vertreter der Seenadelartigen sind sie sehr schlank und haben eine langgezogene Schnauze. Der lange Schwanzstiel und ein dornartiger Bartfaden am Kinn sind die typischen Merkmale der Trompetenfische. Zur Tarnung verstecken sie sich mit Vorliebe kopfüber zwischen den Korallenzweigen von Hornkorallen. Durch ihre meisterhafte Anpassungsfähigkeit, und indem sie sich parallel zu den Korallenästen stellen, kann man sie dort kaum entdecken. Auch zur Jagd treiben die Trompetenfische ein Versteckspiel. Sie begleiten andere Ffische, beispielsweise Zackenbarsche, Papagaifische oder Meerbarben, und schleichen sich in deren Deckung an ihre Opfer. Schwimmt ein idealer Partner zu Tarnungszwecken für die Jagd vorbei, gesellen sie sich mit einer unerwarteten Gewandtheit zu diesem. Zuerst sucht der unfreiwillige Partner eilig das Weite und versucht, den anhänglichen Trompetenfisch abzuschütteln. Der hungrige Jäger läßt jedoch nicht von ihm ab und begleitet ihn hartnäckig weiter, bis er sich damit abfindet. So setzt er, zwangsweise einen seltsamen "Reiter" auf dem Rücken duldend, seine Nahrungssuche fort. Bei der Wahl ihres "Jagdhelfers" achtet der Trompetenfisch gut auf eine farbliche Übereinstimmung, damit sie leicht von ihrer Beute übersehen werden. Sogar der auffällig gelb gefärbte Trompetenfisch findet sein farblich passendes "Pferd", wie beispielsweise bei Blaustreifen-Schnappern. Schon bald gesellen sich kleine Fische zu dem eigenartigen Paar. Diese haschen nach kleinen Wirbellosen, die durch die Freßtätigkeit der unfreiwilöligen Partner vom Grund aufgescheucht werden. Genau auf diesen Moment hat der Trompetenfisch gewartet. Blitzschnell schießt er von seinem "Pferd", schnappt nach seiner Beute und nimmt sofort wieder seine Position und Bereitschaft für den nächsten Fang ein.

Flötenfische - Fistulariidae

Die Flötenfische sind die längsten Fische dieser Ordnung und halten sich gerne in Küstennähe auf. Ihre Augen sind im Vergleich zum Körper überdurchschnittlich groß, und die normalerweise helle Körperfarbe können sie rasch mit dunklen Farbmustern tarnen. Sie haben keinen langen Schwanzstiel wie die Trompetenfische, sondern einen immer dünner werdenden und fadenförmig endenden Körper. Mit schlauem Jagdverhalten nähern sie sich ihren Opfern frontal. Die langen Fische erscheinen ihrer Beute dadurch nur als kleiner Punkt. Dieser nahenden Gefahr wird von den Gejagten oft nicht genügend Beachtung geschenkt, und sobald sich die Flötenfische nahe genug angeschlichen haben, schnappen sie blitzschnell zu.

Trompetenfisch (Aulostomus chinensis)
Trompetenfisch in einem Schwarm Blaustreifen-Schnapper (Lutjanus kasmira)
Fötenfisch (Fistularia commersonii)

Seenadeln und Seepferdchen - Syngnathidae

Die Seenadeln leben vorzugsweise in seichten und vor allem sehr ruhigen Gewässern. Sie halten sich gerne in der Nähe des Strandes oder in Überhängen und Höhlen auf. Bei Anlegestegen sind sie schon in wenig tiefem Wasser zu finden. Zur selben Familie gehören die graziösen und auf den Malediven äußerst selten anzutreffenden Seepferdchen (Hippocampinae). Seenadeln und Seepferdchen leben meist als monogame Paare. Diese schuppenlosen Fische sind bekannt für ihre artspezifischen Rituale, wie beispielsweise den allmorgentlichen Begrüßungstanz. Der Greifschwanz der Seepferdchen ist typisch und einzigartig. Sie halten sich mit diesem als standorttreue Bewohner ihrer Lebensräume an Seegrasblätternoder anderem Substrat fest. Die Bauchfalte der Männchen hat sich zu einer Bruttasche ausgebildet, in der die Eier bis zum Schlüpfen der Nachkommenschaft sicher aufbewahrt werden. Somit werden die Jungen vom Männchen zur Welt gebracht, d.h. das Weibchen legt die Eier in die Bauchfalte des Männchens ab. Als einige der wenigen Arten in der Fischwelt sind die Männchen der Seenadeln und Seepferdchen als männliche Brutpfleger eine spektakuläre Einzigartigkeit. Beide Familien sind tagaktiv, und ihre Lieblingsnahrung besteht aus winzigen Krebsen, die sie mit dem kleinen Maul am Ende ihrer röhrenartigen Schnauze blitzschnell einsaugen. Die pipettenartige Röhrenschnauze ist das typische Erkennungsmerkmal aller Seenadelartigen.

Geisterpfeifenfische - Solenostomidae

Sie sind eng mit den Seenadeln verwandt, leben jedoch oft im tiefen Wasser. Manchmal kann man sie mit sehr viel Glück und mit einem geschulten Auge auch in weniger tief gelegenen Seegraswiesen entdecken. Ihre Körper sind mit übergroßen Flossen bestückt und bei einigen Vertretern durch viele Hautfetzchen einwandfrei getarnt. Dadurch erlangen sie ihr abstraktes Aussehen, mit dem sie sich total an ihre Umgebung anpassen. Dieselbe Art kann man in verschiedenen Farbkleidern antreffen, was ihr Auffinden weiter erschwert, zumal sie sich noch farblich ihrem Lebensraum anpassen können. Algen oder pflanzenähnliche Korallengebilde sind die bevorzugten Unterkünfte dieser als monogames Paar lebenden Fische. Die Brustflossen der Weibchen sind am Körper angewachsen und bilden einen Beutel, der zur Brutpflege genutzt wird.

Blutflossen-Seenadel (Corythoichthys haematopterus)
Geisterpfeifenfisch (Solenostomus sp.)
Kuda-Seepferdchen (Hippocampus cuda)
Geisterpfeifenfisch (Solenostomus sp.)

PANZERWANGEN - SCORPAENIFORMES

Skorpionsfische - Scorpaenidae

Die Rotfeuerfische, die wir zahlreich bei Nachttauchgängen antreffen, sind sicher die bekanntesten Vertreter. Durch die sehr langen Flossenstrahlen und die schöne rot-weiße Färbung gehören sie zu den beliebtesten Fischen bei den Tauchern.

Wie alle Skorpionsfische verfügen sie über 12 giftige Rückenstrahlen. Die Fische sind sich über deren wirkungsvolle Einsatzfähigkeit bewußt und weichen weder einem Fisch noch einem Taucher, der ihre Wege kreuzt. Rotfeuerfische benutzen die langen Brustflossenstrahlen für ihr spezielles Jagdverhalten. Durch Abspreizen dieser Flossenstrahlen treiben sie vorwiegend Krebsartige in die Enge, um sie dann blitzschnell zu fressen.

Die Drachenköpfe passen sich fast so gut wie die Steinfische dem Grund an und schnappen nach ahnungslos vorbeischwimmenden Opfern. Der Schaukelfisch mit diamantähnlichen Augen ist der kleinste Vertreter und ebenfalls ein Meister der Tarnung, indem er ein welkes Blatt imitiert.

Wird man durch Unachtsamkeit von einem dieser Fische gestochen, sollte man das Wasser verlassen, um die Wunde zu verarzten. Während heißes Wasser organisiert wird (ca. 60 - 70 °C), sollte man die Wunde bluten lassen und eventuell mit Meerwasser ausspülen. Die verletzte Stelle dann raschestmöglich für mindestens 30 Minuten in heißes Wasser tauchen oder heiße Kompressen auflegen. Sicher ist diese Behandlung nicht sehr angenehm, jedoch sehr effektiv, da die Hitze das Eiweißgift neutralisiert.

Steinfische liegen völlig unbeweglich und kaum von einem Stein zu unterscheiden auf dem Riff. Sie sind total bewegungsfaul und warten auf vorbeischwimmende Beute. Sobald diese in Reichweite ist, wird sie in Sekundenbruchteilen mit dem großen Maul aufgesaugt. Sogar auf einem Foto muß man ganz genau schauen, um den Mund mit den typisch nach unten gezogenen Mundwinkeln und die kleinen Augen dieses Fisches zu erkennen. Seine Haut ist durch allerlei warzige Wucherungen und Algenbewuchs getarnt und ist dadurch vom Korallengeröll kaum zu unterscheiden. Auch Steinfische sind mit 12 giftigen Rückenstrahlen bewaffnet, wobei deren Wirkung giftiger als die der Rotfeuerfische und Drachenköpfe ist. Sie werden auch nur zur Verteidigung und nie für Angriffe eingesetzt. Von Riffwanderungen sollte man daher nicht nur zum Schutze des Riffes absehen, denn auch Sie würden sich sicher wehren, wenn Ihnen jemand auf den Kopf steigt.

Im Falle einer Verletzung durch einen Steinfisch, sollte man raschestmöglich wie bei der Behandlung für Rotfeuerfische und Drachenköpfe vorgehen. Sein Gift ist unter den Vertretern der Panzerwangen das stärkste. Daher verursacht es heftige Schmerzen und kann für Menschen sogar lebensgefährlich sein.

Bärtiger Drachenkopf (Scarpaenopsis oxycephalus)
Schaukelfisch (Taenianothus triacanthus)
Indischer Rotfeuerfisch (Pterois miles)

BARSCHARTIGE - PERCIFORMES

Zackenbarsche - Serranidae

Diese Familie ist eine der artenreichsten. Einige Fische erreichen nur eine Körperlänge von weniger als 10 cm, es gibt aber auch Arten bis zu 3,5 m. Die Farb- und Mustervarianten dieser meist robust gebauten Fische sind vielfältig, wobei die meisten Tupfen oder Flecken haben. Die vorwiegend rötlichen Färbungen sind typisch, wie auch ihre großen Köpfe mit breiten grimmigen Mäulern. Am liebsten halten sie sich in Höhlen, Überhängen oder zwischen Korallenstöcken auf. In ihrem Revier verharren sie oft reglos. Sobald sich kleine Fische zu sehr in die Nähe wagen, fallen diese Räuber blitzartig und mit einem kurzen Sprint über sie her. Zur Unterfamilie der zahlreichen Fahnenbarsche (Anthiinae) gehören die kleinen, großflossigen Barsche mit tief gegabelten Schwanzflossen. Wie bunte Wolken schweben sie in großen Schwärmen meist über verzweigten Korallenkolonien. Dorthin ziehen sie sich bei Gefahr schnell zurück und verharren, bis die "Luft wieder rein" ist. Strömungsexponierte Orte werden bevorzugt, an denen sie mit einem unermüdlichen und lebhaften Schwimmverhalten nach dem vorbeitreibenden Plankton schnappen.

Balzendes Männchen vom Flammenschwanz-Fahnenbarsch (Pseudanthias ignitus)
Männchen vom Fadenflossen-Fahnenbarsch (Nemanthias carberryi)
Baskenmützen-Zackenbarsch (Epinephelus fasciatus)
Juwelen-Zackenbarsch (Cephalopholis miniata)

Seifenbarsche - Grammistidae

Die Haut der Seifenbarsche enthält Grammistin. Dies ist ein hochgiftiger Schleim, der ihnen zur Verteidigung gegen Freßfeinde dient. Er hat schon vielen Seifenbarschen das Leben gerettet, indem sie von ihren Feinden als ungenießbar wieder ausgespuckt wurden. Goldstreifen-Seifenbarsche leben bevorzugt in seichten und ruhigen Riffregionen. Diese tagaktiven Fische sind sehr scheu und leben vorwiegend versteckt in dunklen Ecken und Ritzen. Die Jungtiere bis zu fünf Zentimetern Körpergröße sind mit nur drei hellen Längsstreifen auf der dunklen Körperoberfläche gezeichnet. Erst beim Heranwachsen verändert sich ihre Zeichnung zu sechs weißen Längsstreifen, die ein typisches Erkennungsmerkmal sind.

Mirakelbarsche - Plesiopidae

Die Mirakelbarsche besitzen auffällige, große Flossen. Sie sind überdimensional groß und können fächerartig aufgestellt werden. Sind die Augenfleck-Mirakelbarsche einmal ausgewachsen, ändert sich die bläuliche Färbung der Flossenränder in einen grünlichen Farbton. Die weißen Flecken auf ihrer Körperoberfläche vermehren sich während des Wachstums. Diese Fische leben scheu in Höhlen oder Spalten und sind deshalb selten anzutreffen. Der dunkle Fleck auf dem hintern Teil der Rückenflosse soll ein Auge darstellen und Feinde in die falsche Fluchtrichtung der anvisierten Beute täuschen. Mit dieser typischen Markierung sieht dieser Fisch in seinem dunklen Revier für manchen Angreifer auch einer Muräne ähnlich. Aus diesem Grunde verbergen die Augenfleck-Mirakelbarsche ihren Kopf und halten ihn möglichst im Schutze der Dunkelheit ihres Lebensraumes. Dadurch ist meist nur der hintere Teil des Fisches mit der typischen Markierung sichtbar. Da seine Feinde den Fleck als die typische, seitliche Kiemenöffnung einer Muräne erkennen, lassen sie sich so in die Irre führen.
Sogar ein stolzer Aquariumbesitzer glaubte eines morgens, daß seine neuste Errungenschaft, der prächtige Augenfleck-Mirakelbarsch, von einer uneingeladenen Muräne verschlungen worden sei. Er erlag auch dem Täuschungsmanöver des Mirakelbarsches.
Die Nahrung der Mirakelbarsche besteht vorwiegend aus kleinen Fischen und Krebsartigen.

Goldstreifen-Seifenbarsch (Grammistes sexlineatus)
Augenfleck-Mirakelbarsch (Calloplesiops altivelis)

Großaugenbarsche - Priacanthidae

Tagsüber stehen die Großaugenbarsche meist in kleinen Schwärmen in der Nähe von Überhängen oder Höhlen. Ihre Reaktion gegenüber Tauchern ist nicht ängstlich, und sie bleiben ganz ruhig an ihrem Standplatz. Die riesigen Augen weisen klar auf ihre Nachtaktivität hin. Als typisches Merkmal zählt der deutlich vorstehende Unterkiefer der Großaugenbarsche, ihr seitlich stark abgeflachter Körper, sowie ihre kleinen Schuppen. Die meisten Vertreter dieser sehr kleinen Fischfamilie sind tagsüber vorwiegend rot gefärbt. Einige Arten sind auch dann in der Lage, in kürzester Zeit ihre rote Färbung in rot-silbern marmoriert oder in ganz silbern zu wechseln. Ansonsten ändert sich ihr plakativ rot gefärbtes Schuppenkleid nur während der Nacht in eine silbrige oder rotsilberne Färbung. Mit diesem Nachtkleid durchstreifen sie das Riff und suchen nach kleinen Fischen, Krebsartigen und großem Zooplankton.

Kardinalbarsche - Apogonidae

Die meisten Arten werden nur 8 - 15 cm lang. Tagsüber befinden sie sich im Halbdunkeln zwischen Korallenstöcken und unter Überhängen. Dort leben sie oft in Schwärmen, und zwar in relativ kleinen Revieren. Ihr typisches Erkennungsmerkmal ist die zweigeteilte Rückenflosse, wovon der vordere Teil mit Stacheln versehen ist. Die Form der Rückenflosse ist vorwiegend dreieckig. Nur wenige haben die namensgebende kardinalrote Färbung. Im Gegenteil, die Mehrzahl ist unauffällig gefärbt mit Längsstreifenzeichnungen.
Die meisten Arten suchen in der Nacht nach Zooplankton, kleinen Fischen und Krebsartigen. Einige wenige sind auch tagaktiv.
Es handelt sich wahrscheinlich bei allen Arten um Maulbrüter. Nach der Befruchtung der Eier werden bis zu 100 Stück vom Männchen im Maul gehegt, und auch nach abgeschlossener Brutpflege, wenn die Jungfische geschlüpft sind, bietet es diesen bei Gefahr immer noch Schutz in seiner Mundhöhle. Somit gehören sie im Fischreich zu den wenigen Arten, bei denen, wie bei den Seepferdchen, die Männchen die Verantwortung für die Nachkommenschaft übernehmen. Man kann sie aufgrund der durch die gehegten Eier prall gefüllten Kehle leicht von den Weibchen unterscheiden.
Kleine Schwärme von jungen Kardinalbarschen suchen oft auch Schutz und Unterkunft zwischen den Stacheln von Seeigeln. So wachsen sie in einer Lebensgemeinschaft auf, die ihnen durch die Wehrhaftigkeit ihres Partners einen gesicherten Lebensraum bietet.

Gewöhnlicher Großaugenbarsch (Priacanthus hamrur)
Männchen vom Großzahn-Kardinalbarsch (Cheilodipterus macrodon) mit Eiern im Maul

Süßlippen (Grunzer) - Haemulidae

Durch ihr ruhiges Verhalten sind diese Fische bei den Unterwassersportlern sehr beliebt. Die wulstigen Lippen und teilweise bonbonfarbenen Schuppenkeider sind sehr auffällig. Sie sind robust gebaut, haben große Augen und können bis zu einem Meter lang werden. Die lange Rückenflosse reicht bis fast zum Schwanzstiel, ist aber meist angelegt und bis auf einen hinteren Teil nicht gut sichtbar. Ihre Schwärme findet man oft an der Außenriffkante und vorzugsweise in der Nähe von strömungsexponierten Kanälen oder vor Überhängen. Tagsüber stehen sie dichtgedrängt und ganz ruhig da und sind daher erfolgversprechende und sehr beliebte Fotomotive. Sobald die Dunkelheit angebrochen ist, gehen die nachtaktiven Jäger auf die Suche nach Wirbellosen am Riffgrund. Junge Süßlippen leben immer als Einzelgänger im Flachwasser und unterscheiden sich durch ihre grelle, auffallende Färbung und Musterung sehr deutlich von den Erwachsenen. Sie sehen so unterschiedlich aus, daß sie schon oft als eine eigene Art beschrieben worden sind. Auch ihre schlängelnden und sehr nervösen Schwimmbewegungen, mit denen sie sich in ihrem Revier bewegen, sind völlig untypisch für ausgewachsene Tiere. Es gibt Vermutungen, daß ihr auffälliges Verhalten und die plakative Färbung zur Abschreckung vor Räubern dienen soll, wie es bei vielen giftigen oder ungenießbaren Plattwürmern oder Nacktschnecken der Fall ist.

Orientalische Süßlippe (Plectorhinus orientalis)
Harlekin-Süßlippe (Plectorhinus chaetodonoides)
Silber-Süßlippe (Digramma pictum)

Schnapper - Lutjanidae

Diese Fische bilden vorwiegend große Schwärme und gehören unter anderen zu den wirtschaftlich genutzten Fischen auf den Malediven. Das Fleisch der teilweise recht großen Fische schmeckt sehr gut und wird von den Einheimischen geschätzt. Auch auf den Resortinseln werden oft Gerichte aus Schnappern zubereitet. Falls sie einmal beim Nachtfischen einen Fisch gefangen haben sollten, war dies sicher auch einer dieser Vertreter. Meist formieren sie sich zu großen Schwärmen, in denen sie so dicht stehen, daß sie eine fast undurchsichtige Wand bilden. Ihre Färbungen sind sehr unterschiedlich. Die Kopfform ist meist spitz, und die nadelartigen Zähne sind bei vielen Vertretern gut sichtbar. Die Lieblingsnahrung der teils tag- und teils nachtaktiven Fische sind Planktonkrebse und kleine Fische.

Buckel-Schnapper (Lutjanus gibbus)
Blaustreifen-Schnapper (Lutjanus kasmira)
Einfleck-Schnapper (Lutjanus monostigma)

Füsiliere - Caesionidae

Diese nicht sehr großen, spindelförmigen Fische mit tief gegabelten Schwanzflossen haben fast alle Längsmuster in sehr auffälligen Farben wie Blau, Gelb und Türkis. Oft vereinen sie sich zu gigantischen Schwärmen im freien Wasser oder auch am schützenden Riff. Dort finden sie ihre Nahrung, die ausschließlich aus tierischem Plankton besteht. Es ist ein berauschendes Gefühl, wenn ein Schwarm von tausenden dieser bunt gefärbten Fische durch eine Tauchergruppe zieht. Oft schwimmen sie so nah und dicht gedrängt, daß man kaum den Tauchpartner und die anderen Taucher mehr erkennen kann. Die spindelförmigen Fische sind stets in Bewegung und gönnen sich nur an den Putzerstationen eine kurze Bewegungspause. Dort kann man sie oft sehr schön beobachten, wie sie geduldig warten bis sie von Parasiten und abgestorbenen Hautfetzchen befreit sind.

Nachts lösen sie den tagsüber schützend wirkenden Schwarm auf und suchen sich auf dem Grund ihre Schlafplätze. Einige Vertreter ändern ihre Färbung zu einem rötlichen Nachtkleid.

Straßenkehrer - Lethrinidae

Die Straßenkehrer sind mit den Schnappern (Lutjanidae) nahe verwandt. Sie haben im Gegensatz zu diesen jedoch großflächige, schuppenlose Wangen mit hoch angesetzten, großen Augen. Viele Arten werden recht groß, haben wulstige Lippen und dazwischen gut sichtbare spitze Zähnchen. Der Goldstreifen-Straßenkehrer fällt in dieser eher unscheinbar gefärbten Familie durch seine blendenden, hellgelben Punkte hinter der Rückenfloße auf. Die Straßenkehrer leben vorwiegend im Schwarm am Riffhang und ernähren sich hauptsächlich von kleinen Fischen, Muscheln, Schnecken und Krebsartigen. Der Gelbflossen-Straßenkehrer ist meistens als Einzelgänger unterwegs. Der Langschnäuzige Straßenkehrer ist einer der wenigen Fische, der zwischendurch auch Seegurken verspeist. Man trifft die jungen Straßenkehrer meist als Einzeltiere, wogegen die erwachsenen unterschiedlich große, lockere Schwärme bilden. Bei verschiedenen Arten der Gattung Lethrinus konnte nachgewiesen werden, daß es zu einer Geschlechtsumwandung vom Weibchen zum Männchen kommt.

Neon-Füsilier (Pterocaesio tile)

Goldstreifen-Straßenkehrer (Gnathodentex aurolineatus)

Scheinschnapper - Nemipteridae
Die Vertreter dieser eher unauffälligen kleineren Fischfamilie leben einzeln oder in kleinen Gruppen im Riff. Sie haben eine sehr typische Verhaltensweise, indem sie nach einer kurzen Schwimmstrecke immer wieder regungslos im Riff verharren. Ihre Augen sind relativ groß, und die Schwanzflosse ist leicht gegabelt. Die lange durchgehende Rückenflosse ist nicht gut sichtbar, da sie am Rücken anliegt. Die Gattung Scolopsis hat auf der Wange unter den Augen einen Stachel, der ihr den englischen Namen Spine Cheek eingebracht hat. Man nimmt an, daß alle Scheinschnapper erst weiblich sind und danach zum männlichen Geschlecht wechseln können.
Diese vorwiegend als scheue Einzelgänger lebenden Fische suchen nachts am Riffgrund nach Wirbellosen. Krebse und Würmer gehören zu ihrer bevorzugten Nahrung.

Pilotbarsche - Kyphosidae
Diese Fischarten können teilweise recht groß werden und schwimmen im Schwarm. Typisches Merkmal ist ihre runde Kopf- und eine recht plumpe Körperform. Ihr Mund ist verhältnismäßig klein und etwas schnabelähnlich geformt. Durch die unauffällige Färbung und unattraktive Form werden sie oft nicht beachtet. Diese Allesfresser jagen gerne kleine Fische oder weiden vorzugsweise von Algenteppichen. Sie sind oft im wenig tiefen Wasser oder an Riffhängen anzutreffen. Als unscheinbare Fische leben sie auch mit Vorliebe an und unter den Bootsanlegestegen der Inseln. Durch ihre Unattraktivität und ihre Farblosigkeit werden sie dort auch von den Schnorchlern und Spaziergängern übersehen. Wenn die Fische am Steg von den Touristen oder deren Kindern manchmal mit Brot gefüttert werden, gehören sie auch zu diesen, die sich im dicht gedrängten Knäuel gegenseitig über die Wasseroberfläche hinausheben, um einen Leckerbissen zu erhaschen. Obwohl dieses Schauspiel gewiß für Nichttaucher und Kinder interessant ist, sollte man von solchen unnatürlichen Eingriffen absehen.
Die Pilotbarsche dürfen durch die Ähnlichkeit der Namen nicht mit den Pilotfischen verwechselt werden. Letztere gehören zur Familie der Makrelen und begleiten oft Großfische.

Schärpen-Scheinschnapper (Scolopsis bilineatus), Nachtfärbung
Pilotbarsch (Kyphosus cinerascens)

Fledermausfische - Ephippidae

Der sehr hohe und seitlich abgeplattete Körper mit übergroßen Flossen ist unverkennbar. Wie aufgestellte Teller ziehen sie meist in Gruppen über den Riffhang oder bleiben in leichter Strömung ruhig darüber stehen. Ihre hellsilbrige Grundfärung ist durch zwei oder mehr dunkle, breite Querstreifen unterbrochen, wovon der erste über die Augen verläuft. Einige Fledermausfisch-Arten sind sehr zutraulich. Sie lassen sich durch Taucher nicht im geringsten stören. Im Gegenteil, sie sind sogar recht neugierig und kommen näher oder begleiten Tauchgruppen. Dies ist nicht zuletzt ihrer Gefräßigkeit zuzuschreiben, da sie sich manchmal aus der Hand mit Brot, Eiern oder Bananen füttern lassen. Solche Fütterungen sollten bei allen Fischen vermieden werden, da sie durch die ungewohnte Nahrung Schaden erleiden können. Auf ihrem Menü stehen normalerweise Quallen, Krabbenartige oder Weichtiere.

Die Rücken-, After- und Bauchflossen der jungen Fledermausfische sind sehr stark verlängert, so daß die Höhe der Fische ein Mehrfaches von deren Länge beträgt. Die dadurch extrem hochflossigen Segler schwimmen immer im Schwarm in flachen, geschützten Riffbereichen. Dort lassen sie sich bei Gefahr seitlich umkippen und imitieren so durch ihre spezielle Form ein hin und her schaukelndes Blatt am Riffgrund.

Langflossen-Fledermausfisch (Platax teira), erwachsenes Tier
Langflossen-Fledermausfisch, Jungtiere

Meerbarben - Mullidae

Das charakteristische Merkmal der Meerbarben sind die zwei Barteln auf der Unterseite des Maules, mit denen sie im Sand nach Nahrung wühlen oder kleine Fische aus ihren Verstecken scheuchen. Werden diese mit Geschmacksnerven ausgestatteten Tastorgane nicht benutzt, können sie in einer Nut unter den wulstigen, ausstülpbaren Lippen am Kinn versenkt werden. Ihr Körperbau ist seitlich abgeflacht, und sie haben hochliegende Augen. Auffällig sind ihre getrennte Rückenflosse und die großen Schuppen. Oft sind sie unscheinbar gefärbt, aber es gibt auch auffällig bunt gefärbte Meerbarben. Mit ihrer unruhigen Schwimmweise ziehen sie rudelweise über das Riff und wühlen in allen Ecken und am Boden nach Wirbellosen. Einige Arten sind auch als Einzelgänger unterwegs.

Durch ihre Nahrungssuche entstehen oft große Staubwolken. Dadurch werden viele andere Fischarten angelockt, die sich von aufgewirbelten oder freigelegten Nahrungsbrocken ernähren. Die Nahrung der Meerbarben ist jedoch gesichert, da sich diese selbsteingeladenen Gäste von dem Teil ernähren, der für sie nicht erreichbar oder uninteressant ist. Somit werden sie in dieser Art des Zusammenlebens auch geduldet. Man spricht bei dieser Tischgemeinschaft auch von einer speziellen Form der Karpose, die als Kommensalismus bezeichnet wird.

Meerbarbe (Parupeneus sp.), Nachtfärbung
Gelbsattel-Meerbarbe (Parupeneus cyclostomus)

Kaiserfische - Pomacanthidae

Der kurze Kopf mit vorstehendem Maul, ein hocher und gleichzeitig flacher Körperbau sowie der starke, nach hinten gerichtete Stachel an der Unterseite der Kiemendeckel sind die typischen Merkmale der farbenprächtigen Kaiserfische. Sie leben in energisch verteidigten Revieren am Riff. Kommt man ihnen zu nahe, kann man ihre warnenden Klopflaute sehr gut hören. Sie warnen ihre Artgenossen durch plakative Färbung und können bei Mißachtung der Reviere äußerst agressiv gegen sie werden. Die Jungtiere tun gut daran, bis kurz vor der Geschlechtsreife ein völlig anderes Farbkleid zu tragen, da sie sonst nicht im Revier ihrer Eltern geduldet würden.

Je nach Gattung ernähren sich Kaiserfische von Schwämmen, kleinen Wirbellosen, Anemonententakeln oder Zooplankton. Das Männchen hat einen Harem von mehreren Weibchen, die an verschiedenen Stellen in seinem Revier leben. Alle Jungtiere der Kaiserfische werden zuerst weiblich und haben dann die Möglichkeit zu einer einmaligen Geschlechtsumwandlung.

Pfauen-Kaiserfisch (Pygoplites diacanthus)

Jugendfärbung vom Imperator-Kaiserfisch (Pomacanthus imperator), ca. 5 cm groß

Übergangsfärbung eines ca. 10 cm großen Jungtieres vom Imperator-Kaiserfisch

Erwachsenenfärbung vom Imperator-Kaiserfisch

▶▶ Blaukopf-Kaiserfisch (Pomacanthus xanthometopon)

▶▶ Gelber Dreipunkt-Kaiserfisch (Apolemichthys trimaculatus)

▶▶ Schwanzwurzel und Afterflossenansatz vom Imperator-Kaiserfisch

Falterfische - Chaetodontidae

Viele Falterfisch-Arten sind ihr ganzes Leben lang als gleiches Pärchen zusammen. Diese auffällig gefärbten Fische verfügen über einen hohen und sehr flachen Körperbau. Wegen ihrer bunten Färbung werden sie oft auch Schmetterlingsfische genannt, wobei der Name Falterfische gebräuchlicher ist. Durch die kamm- oder borstenartigen Zähne kennt man sie auch als Borstenzähner. Als Tarnung verläuft bei den meisten Arten eine Streifenzeichnung der Musterung über die Augen. Durch ihre verlängerten Mäuler und den seitlich abgeplatteten Körperbau haben sie das Nahrungsmonopol für die Leckerbissen in den engsten Spalten und Ecken des Riffes. Vor den Pinzettfischen mit ihren extrem langgezogenen Mäulern bleibt auch die Beute in den hintersten Winkeln nicht verschont. Ihre Nahrungspalette ist sehr vielseitig. Je nach Art gehören Krebsartige, Borstenwürmer, Korallenpolypen, Algen sowie Tentakel von Seeanemonen dazu.

Falscher Gitter-Falterfisch (Chaetodon oxycephalus)
Sparren-Falterfisch (Chaetodon trifascialis)
Langmaul-Pinzettfisch (Forciper longirostris)
Schwarm-Wimpelfisch (diphreutes)
Halsband-Falterfisch (Chaetodon collare)
▶▶ Triangel-Falterfisch (Chaetodon triangulum), nachts
▶▶ Tüpfel-Falterfisch (Chaetodon guttatissimus)
▶▶ Kleins-Falterfisch (Chaetodon kleini)

Stachelmakrelen - Carangidae

Die vielen sehr unterschiedlichen Vertreter der tag- und nachtaktiven Stachelmakrelen sind fast nur im Schwarm anzutreffen. Durch die silbrigblaue Färbung sind sie im freien Wasser der Außenriffhänge gut getarnt. Ihr Körperbau ist hoch, ihre Flossen laufen alle spitz aus, und ihre Schwanzflosse ist stark gegabelt. Die ersten paar Strahlen der Rücken- und Afterflossen sind länger als die restlichen, die den Körper des Fisches bis zum schlanken Schwanzstiel säumen. Die sichelförmigen, meist durchsichtigen Brustflossen sind sehr typisch. Da ihre Schwimmblasen zurückentwickelt sind oder fehlen, sind die Stachelmakrelen gezwungen, permanent zu schwimmen um nicht abzusinken.

Kleine Schwarmfische sind ihre Lieblingsspeise, und sie haben für deren Fang eine ganz spezielle Jagdstrategie entwickelt. Dies war notwendig, denn solange die kleinen Fische im Verbund schwimmen, ist es den Stachelmakrelen nicht möglich einzelne Opfer anzuvisieren. So schwimmen sie den Beuteschwarm von mehreren Seiten an und drängen so einzelne Fische ab, die zur einfachen Beute werden.

Blauflossen-Stachelmakrele (Caranx melampygus)

Blauflossen-Stachelmakrele mit einem kleinen Gestreiften Schiffshalter (Echeneis naucrates) am Kopf

Dickkopf-Stachelmakrele (Caranx ignobilis)

Schiffshalter - Echeneidae

Diese interessanten Fische lassen sich vorzugsweise von Großfischen wie Haien, Mantas, Walhaien und vielen anderen spazierenfahren. Sie sind nicht sehr wählerisch, Hauptsache das "Taxi" ist groß. So kommt es auch vor, daß sie sich mit ihrer speziellen am Kopf befindlichen Saugscheibe an ein Schiff angedockt haben, was zu ihrem Namen geführt hat. Sie ernähren sich von Abfällen und auch von Parasiten ihrer "Zugpferde". Lange Zeit hat man geglaubt, daß sich diese Passagiere ohne Gegenleistung durch die Meere transportieren lassen. Neueste Erkenntnisse haben jedoch gezeigt, daß es sich bei dieser einzigartigen Lebensgemeinschaft um eine Putzsymbiose handelt. Untersuchungen von Schiffshaltern zeigten, daß sie verschiedene Ektoparasiten von ihren Wirtstieren im Magen hatten.
Ihr Unterkiefer ist viel länger als der Oberkiefer, und ihr Farbkleid hat weiße, schwarze und blaugraue Längsstreifen. Die Saugscheibe am Kopf hat sich aus ihrer ersten Rückenflosse entwickelt und sieht einer Schuhsole mit Profil ähnlich. Hat sich einmal irrtümlicherweise ein Schiffshalter auf einem Taucher festgesaugt, kann man ihn einfach entfernen, indem man ihn nach vorne schiebt.

Zwei Gestreifte Schiffshalter (Echeneis naucrates) warten auf dem Boden liegend auf ein "Taxi"

Gestreifter Schiffshalter an der Unterseite eines Bootes

Büschelbarsche - Cirrhitidae

Auch in dieser Fischfamilie existieren sehr vielfältige Farb- und Mustervariationen. Büschelbarsche sind keine ausdauernden Schwimmer, da sie keine Schwimmblase besitzen. Typisch und namengebend sind die mehr oder weniger stark entwickelten büschelartigen Fortsätze an den Spitzen ihrer Rückenflossen und über den Nasenöffnungen. Aus einer übersichtlichen Lage halten sie in ihrem Revier Ausschau nach kleinen Fischen oder Krebsartigen. Dabei stützen sie sich auf ihre kräftigen Brustflossen, verharren regungslos und beobachten aufmerksam die Umgebung mit ihren sehr beweglichen Augen. Ihre Jagdstrategie brachte den Büschelbarschen auch ihren englischen Namen Hawkfish ein. Wörtlich übersetzt heißt das Falkenfisch, was auf die gleiche Jagdstrategie der Falken hindeutet.
Der Langnasen-Büschelbarsch ist eine Art, die mit ihrer langen Schnauze von dem sonst barschähnlichen Aussehen der Büschelbarsche abweicht. Entgegen des sonst von Büschelbarschen bevorzugten Aufenthaltsortes auf erhöhten Plätzen über dem Riffgrund, befindet sich sein bevorzugter Lebensraum auf strömungsexponierten Ästen großer Gorgonien oder Schwarzer Korallen.

Langnasen-Büschelbarsch (Oxycirrhites typus)
Regenbogenaugen-Korallenwächter (Paracirrhites arcatus)
Gestreifter Korallenwächter (Paracirrhites forsteri)

Glasbarsche - Pempheridae

Diese kleinwüchsigen Fischarten leben tagsüber an schattigen und geschützten Plätzen in Höhlen oder Überhängen. Ihr dichtes Schwarmverhalten ist sehr typisch, wobei sich die verschiedenen Generationen immer streng an ihre Schwärme halten, obwohl sie oft nebeneinander am selben Ort wohnen. Dieses Verhalten ist sehr schön bei den häufig anzutreffenden Schlanken Glasbarschen zu beobachten, die durch ihren transparenten Körper zu ihrem Namen kamen. Die beilförmige Körperform der Glasbarsche ist nicht so ausgeprägt wie bei der zweiten Gattung, die manchmal auch als Beilbauchfische bezeichnet werden. Ihre Größe und ihr Körperbau unterscheiden sich deutlich von dem der Glasbarsche. Er ist durch die bedeutend stärker gewölbte Bauchseite asymmetrisch und nicht durchsichtig, sondern vollständig durchpigmentiert, mit vorherrschenden silbernen oder kupfernen Farbtönen. Die beiden existierenden Gattungen können leicht unterschieden werden. Schwieriger wird jedoch eine exakte Artbestimmung nach einer Fotografie, das heißt, es ist fast nicht möglich. Die bekannten Daten über die Biologie dieser Familie müßten überarbeitet und die systematische Stellung einzelner Arten noch geklärt werden.

Ist ein räuberischer Fisch in ihrer Nähe, kann man bei den Glasbarschen eine interessante Verhaltensweise beobachten. Der Schwarm bildet um ihn einen ganz exakten Sicherheitsabstand, der immer genau eingehalten wird.

Beilbauchfisch (Pempheris sp.)
Glasfischschwarm (Parapriacanthus sp.)

Riffbarsche - Pomacentridae

In dieser Fischfamilie sind vorwiegend kleinere Fische mit seitlich abgeflachten Körpern in unterschiedlichsten Musterungen und Färbungen zusammengefaßt. Die gedrungenen Köpfe mit den relativ großen Augen und große, gut sichtbare Schuppen sind typisch und ebenso eine einzige Rückenflosse. Viele Arten haben stark gegabelte Schwanzflossen und leben im Schwarm über oder in verästelten Steinkorallen im Flachwasser oder an Riffhängen. Falls sie sich nicht bedroht fühlen, schwimmen sie unruhig und nach Plankton schnappend über der Korallenkolonie. Bei Gefahr und zum Schlafen ziehen sie sich darin zurück. Einige Arten leben territorial und verteidigen ihre Gebiete sehr mutig. Wenn Sie im flachen Wasser beim Schnorcheln schon einmal leicht gezwickt worden sind, waren Sie sicher im Revier eines kleinen Riffbarsches. Alle Riffbarsche sind tagaktiv, und man nimmt an, daß es sich bei der Mehrzahl ihrer Vertreter um Allesfresser handelt. Die verschiedensten Algenarten, sowie eine Vielzahl von Niederen Tieren stehen auf ihrem Menüplan, wobei sich die Arten der Gattung Stegastes überwiegend vegetarisch ernährt, die Arten der Gattung Chromis hingegen hauptsächlich von Plankton.

Diese Fische haben zudem ein außergewöhnliches Brutverhalten. Die Männchen säubern zuerst die Brutstelle und zeigen dann durch schnelles Auf- und Abschwimmen ihre Bereitschaft an. Das Weibchen laicht auf der vorbereiteten Stelle und überläßt dem Männchen die Brutpflege. Bis zum Schlüpfen der Larven werden sie von ihm alleine gehegt und verteidigt. Diese Aktivitäten werden von artspezifischen Lautäußerungen, die gut als Klick- und Grunzlaute hörbar sind, begleitet. Ähnliche Laute sind bei der Abwehr von eventuellen Feinden zu hören. Das Männchen pflegt das Gelege, das von 50 bis zu 1.000 Eiern zählen kann, sehr sorgsam. Nach dem Schlüpfen leben die Jungen zuerst eine Zeitlang plantonisch, bevor sie sich im Riff ansiedeln.

Mit viel Glück kann man einen Brutplatz mit den rötlichen Eiern der Anemonenfische neben einer Anemone entdecken. Diese Fische haben durch ihre Symbiose mit Seeanemonen eine spezielle Lebensweise in der Familie der Riffbarsche entwickelt. Die nesselnden Tentakel bieten ihnen einen sicheren Unterschlupf vor ihren Freßfeinden. Gegen eine Selbstnesselung schützen sie sich mit einer Schleimschicht der Tentakel, die die Anemone zu ihrem eigenen Schutz produziert. Indem sich die Fische an die Tentakel anschmiegen, streifen sie diese permanent auf ihre Körperoberfläche ab. Auch die Dreifleck-Preußenfische haben diese Fähigkeit, sich gegen das Nesselgift zu immunisieren. Sie leben jedoch nur während der Jugendzeit mit Anemonen, und danach beziehen sie gerne Geweihkorallen.

Blaue Demoiselle (Pomacentrus pavo)
Indopazifischer Feldwebelfisch (Abudefduf vaiginensis)
▶▶ Malediven-Anemonenfisch (Amphiprion nigripes)
▶▶ Gelege von Clarks Anemonenfisch (Amphiprion clarkii)
▶▶ Clarks Anemonenfisch (Amphiprion clarkii), sehr dunkel gefärbtes Tier
▶▶ Pärchen von Clarks Anemonenfisch vor seiner Wirtsanemone

Lippfische - Labridae

Gäbe es einen Preis für den bedeutendsten Größenunterschied, würden die Lippfische sicher einen der ersten Plätze belegen. Lippfische sind in Größen von vier Zentimeter bis über zwei Meter vertreten, und auch formmäßig ist diese Fischfamilie sehr unterschiedlich. Die wulstigen Lippen sind am besten bei der größten Art, den sympathischen und bei allen Tauchern beliebten Napoleon-Lippfischen zu erkennen. Ebenfalls typisch ist ihr mit Hilfe der kräftigen Brustflossen erzeugte wippende Schwimmstil. Ihr Maul können sie weit und röhrenartig ausstülpen. Mit den kräftigen Zähnen knacken sie ihre Lieblingsspeisen wie Muscheln, Schnecken, Seeigel und Seesterne. Einige kleinere Arten begleiten andere Fische (beispielsweise Drückerfische) bei der Nahrungssuche und versuchen ihnen etwas wegzunaschen. Größere und kräftige Lippfische drehen oft große Korallenbrocken um, worunter sie nach versteckten Wirbellosen suchen. Eine kleine Art der Lippfische, die Putzerfische, ernähren sich sehr zweckmäßig von Parasiten (Putzerstationen S. 37).
Die Jungtiere sowie Weibchen und Männchen sind so unterschiedlich gefärbt, daß man ihnen früher verschiedene Namen gab. Die Möglichkeit der Geschlechtsumwandlung bei allen Arten hat die Namensgebung noch erschwert.

Männchen vom Sechsstreifen-Lippfisch (Thalassoma hardwickii)
Männchen vom Dreizackschwanz-Lippfisch (Cheilinus trilobatus)
Dianas Schweinslippfisch (Bodianus diana)
Männchen vom Napoleon-Lippfisch (Cheilinus undulatus)

Papageifische - Scaridae

Für diese bunt gefärbten Fische mit schnabelartig verwachsenen Zähnen lag der Name Papageifische wohl auf der Hand. Die robusten, großschuppigen Tiere ernähren sich vorwiegend von Algen und Korallenpolypen, die sie gut hörbar mit ihrem kräftigen Gebiß mitsamt dem Kalkstein abfressen und zermahlen. Der unverdaubare Teil ihrer Nahrung ist für die Sandproduktion am Riff äußerst wichtig. Durch das Schwimmen mit den Brustflossen haben sie den gleichen Schwimmstil wie die Lippfische. Die Schwanzflosse dient bei normalem Schwimmtempo nur als Steuerruder. Während sich einige Arten nachts in Spalten und Höhlen verstecken, bilden andere an einem geschützen Plätzchen eine Schleimhülle. Sie schützt den Fisch während des Schlafens vor Freßfeinden, da sie eine Geruchsbarriere bildet, wodurch der Papageifisch von nachtaktiven Räubern nicht aufgespürt werden kann. Jeden Morgen schlüpft er ausgeschlafen aus seinem Schleimsack, der sich danach rasch auflöst. Die Färbungen und Musterungen der jungen Papageifische sehen denen im Erwachsenenalter nicht ähnlich. Die Männchen und Weibchen sind ebenfalls unterschiedlich gefärbt.

Weibchen vom Masken-Papageifisch (Cetoscarus bicolor), Nachtfärbung
Indischer Buckelkopf-Papageifisch (Scarus strongylocephalus), Männchen in Schleimhülle
Weibchen vom Indischen Buckelkopfpapageifisch scheidet Korallensand aus
Rückenflosse vom Gebänderten Papageifisch (Scarus microrhynchus)
Brustflosse vom Gebänderten Papageifisch
Auge vom Weibchen des Indischen Buckelkopf-Papageifisches
Maul von Weibchen des Indischen Buckelkopf-Papageifisches

Barrakudas - Sphyraenidae

Vor diesem von vielen Fischen gefürchteten Räuber bleiben manchmal auch die giftigen Kugelfische nicht verschont. Der hydrodynamisch gebaute und daher sehr schnelle Jäger wird es aber überleben. Bei ausgewachsenen Exemplaren, die meist als Einzelgänger unterwegs sind, kann man gut das ausgeprägte Gebiß erkennen. Als Jungtiere leben diese silberfarbigen Fische in großen Schulen. Besonders bei schlechter Sicht können die Barrakudas agressiv auf glitzernde Gegenstände reagieren. Daher sollte man auf das Tragen von Schmuck beim Tauchen und Schnorcheln verzichten. Außerdem ist das Verlustrisiko im Wasser sehr groß. Bei den vorwiegend klaren Wasserbedingungen der Malediven brauchen sie kaum Bedenken zu haben. Durch ihren schlechten Ruf, den sie sich ein paar Mal zu Recht in anderen Teilen der Welt eingehandelt haben, werden sie oft auch auf den Malediven zu Unrecht gefürchtet. Wenn man jedoch bedenkt, daß weltweit weit mehr Menschen einem Blitzschlag oder ähnlichen äußerst seltenen Vorkommnissen zum Opfer fallen, so ist die Angst vor Barrakudas und Haien unbegründet. Sie können ohne Bedenken und Probleme mitten durch einen dieser beeindruckenden, riesigen Barrakudaschwärme tauchen. Leider bekommt man sie nicht allzuoft zu sehen. Diese eleganten Tiere werden sich wie eine Schleuse formieren und ihnen ohne weiteres Durchlaß gewähren, ja sie sogar in ihren Schwarm einbeziehen und rundum den nötigen Sicherheitsabstand wahren.
Die Fische zu beobachten ist ein eindruckvolles Erlebnis, zumal sie sehr neugierig sind. Einzelgänger kommen manchmal näher, um die Tauchergruppe genau zu inspizieren, bevor sie wieder weiterschwimmen.

Sandbarsche - Pinguipedidae

Diese spindelförmigen Fische bewegen sich mit kurzen Sprüngen vorwärts. Meist lauern sie auf ihren Brustflossen aufgestützt im Riff oder auf kleinen Sandflächen auf ihre Nahrung. Ihre vorstehenden Glotzaugen mit den horizontal spaltförmigen Pupillen bewegen sich dabei sehr aufmerksam, und sie überwachen ihr Revier nach vorbeischwimmenden Krebsartigen oder kleinen Fischen. Schon durch ihre ungewöhnlichen Augen sind sie sehr gut von Eidechsenfischen mit ähnlichem Aussehen zu unterscheiden. Die dunklen Markierungen auf ihrem sandfarbigen Körper sind wichtige Bestimmungsmerkmale. Das Männchen hat vertikale Streifen im Gesicht, das Weibchen hat ein braun bis schwarz gepunktetes Antlitz. Alle Jungtiere sind weiblich und können sich, einmal ausgewachsen, zum Männchen umwandeln.

Pfeil-Barrakuda (Sphyraena novaehollandia)
Sandbarsch (Parapercis bivittata)
Querbänder-Barrakuda (Spyraena qenie)

Schleimfische - Blenniidae

Die Schuppen dieser Fische sind fast oder völlig zurückentwickelt, und viele Drüsen bilden einen dicken Schleimschutz auf der Haut. Der abgeflachte Kopf und die großen, meist vorstehenden und sehr hochliegenden Augen sind typisch. Der Mund mit den dicken Lippen ist bei diesen Fischen auffällig. Die Rückenflosse und die Afterflosse sind fast körperlang. Die meisten Schleimfischarten haben keine Schwimmblase und schwimmen daher nur kurze Strecken. Sie bleiben immer in Bodennähe, wechseln oft ihre vorzugsweise erhöhten Plätze, wo sie sich, auf ihren starken Bauchflossen aufgestützt, niederlassen. Während der Suche nach Nahrung, die vorwiegend aus Algen und darin lebenden Kleintieren besteht, bleiben sie jedoch immer in der Nähe ihrer Wohnhöhle. Verlassene Löcher von Bohrmuscheln oder Röhrenwürmern werden von ihnen sofort besetzt und hartnäckig verteidigt. Das aus gutem Grund, denn während der Paarungszeit haben nur prächtig gefärbte Männchen mit einem sicheren Unterschlupf bei den unscheinbar gefärbten Weibchen eine Chance. Haben sich zwei dieser lustigen Wichte gefunden, verschwindet das Weibchen für ein Weilchen in der Wohnhöhle um abzulaichen. Um die Brutpflege kümmert sich danach nur das Männchen.

Zu den räuberischen Arten gehören die Blaustreifen-Säbelzahnschleimfische und die Falschen Putzerfische, die eine Ausnahme in der Ernährungsweise bilden. Ihre Kopfform ist spitz und sie besitzen eine Schwimmblase. Sie imitieren das lockende Schwimmverhalten der Putzer-Lippfische, die sich von Parasiten ernähren. Hinterhältig überfallen diese "Wölfe im Schafspelz" die ahnungslosen Fische und reißen ihnen Hautstücke aus dem Körper. Die Falschen Putzerfische haben ihr Farbkleid dem echten Putzerfisch völlig angepaßt und sind nur am tiefer liegenden Mund zu erkennen. Durch Beobachtung ist es oft einfacher, sie zu identifizieren, wenn sie "in flagranti" bei einer Fischmißhandlung erwischt werden.

Für die Unterwasserfotografen sind die possierlichen Schleimfische ein äußerst beliebtes Motiv. Sie sind nicht sehr scheu und bleiben oft ruhig und interessiert auf ihrem Platz sitzen. Doch wenn sie sich bedroht fühlen, verschwinden sie blitzschnell in ihre Wohnhöhle. Es dauert nur kurze Zeit, schon äugen sie wieder frech heraus und kontrollieren, ob die Luft rein ist. Schleimfische haben ein räumliches Gedächtnis, und sie kennen ihr Revier ausgezeichnet. Wenn man sie genau beobachtet, entsteht fast der Eindruck, man sehe ihnen ihre Intelligenz an. Beim Tauchen oder Schnorcheln ist es wichtig, sich die Zeit zu nehmen und auch mal nach kleinen Lebewesen zu schauen. Eine Auge-in-Auge-Begegnung mit einem Schleimfisch kann mindestens so aufregend, ja fast aufregender sein als das Treffen mit einem Rudel Haie.

Zwerg-Schleimfisch (Ecsenius minutus)
Der Falsche Putzerfisch (Aspidontus taeniatus) gehört zu den Säbelzahn-Schleimfischen

Grundeln - Gobiidae

Die Grundeln sind eine der artenreichsten Fischfamilien, und deren Mitglieder haben viele verschiedene Lebens- und Verhaltensweisen angenommen. Außerdem stammt das kleinste existierende Wirbeltier der Welt aus dieser Fischfamilie.

Typisch sind ihre in zwei Teile getrennte Rückenflosse und eine gedrungene Kopfform mit meist hochliegenden und leicht vorstehenden Augen. Ihre Bauchflossen sind wie zu einer Saugscheibe zusammengewachsen. Die meisten leben solitär, einige auch als Pärchen. Sie verteidigen tatkräftig ihr Revier auf nicht zu tief gelegenen Sandflächen oder Korallengebieten. Durch das Fehlen der Schwimmblase halten sie sich meist in Grundnähe auf. Nur wenige Arten bilden kleine Schwärme. Ihre Nahrung besteht vorwiegend aus Fischlarven und anderen treibenden organischen Partikeln. Kleine Jungfische oder Wirbellose werden von den größeren Arten auch nicht verschmäht. Eine ganz spezielle Lebensweise haben die Wächtergrundeln entwickelt, die in Symbiose mit Garnelen leben. Eine Grundelart mit Glotzaugen lebt teilweise amphibisch an der Küste. Man kann sie beispielsweise über der Wasserlinie von gemauerten Bootsanlegestegen finden.

Aurora-Wächtergrundel (Amblyeleotris aurora)
Gorgonien-Zwerggrundel (Bryaninops amplus)
Orangegestreifte Schläfergrundel (Valencienna immaculata)
Zitronengrundel (Gobiodon citrinus)

Pfeilgrundeln - Microdesmidae

Diese Vertreter wurden lange Zeit fälschlicherweise der Familie der Grundeln zugeordnet. Nach neueren Erkenntnissen gehören sie jedoch zu einer eigenen Familie. Sie unterscheiden sich von den Grundeln eindeutig durch die zwei getrennten Bauchflossen. Alle Vertreter der Pfeilgrundeln haben einen langgestreckten, schlanken Körper, und ihr Kopf ist relativ klein und stumpf. Ihre Augen erscheinen daher überdimensional groß. Sie leben als Einzelgänger, aber auch als Pärchen, und ihr Lebensraum ist das Freiwasser über dem Riff oder sandigem Boden. Bei Gefahr verschwinden sie blitzschnell in ihren Wohnhöhlen.

Die Familie ist in mehrere Gattungen gegliedert, wobei die Schwertgrundeln (Nemateleotris) und die Torpedogrundeln (Ptereleotris) die bekanntesten sind. Typisches Merkmal der Schwertgrundeln ist die im vorderen Teil getrennte Rückenflosse mit einem stark verlängerten, aufgerichteten Rückenflossenstrahl. Dieser ziert ihren Kopf wie ein hochgehaltenes Schwert, was ihnen ihrem Namen gab.

Bei den Torpedogrundeln ist die erste Rückenflosse nicht verlängert und meist so an den Körper angeschmiegt, daß sie kaum erkennbar ist.

Sehr interessant sind die matt glänzenden Augen der Pfeilgrundeln. Dieser matte Glanz wird von den eingelagerten Guaninkristallen erzeugt. Größere Pfeilgrundeln jagen nach Fischchen, und die kleineren Arten ernähren sich von Wirbellosen.

Feuer-Schwertgrundel (Nemateleotris magnifica)
Schwanzfleck-Torpedogrundel (Ptereleotris heteroptera)

Halfterfische - Zanclidae
Nach ihrem Aussehen würde man die Halfterfische wohl gerne der Familie der Falterfischen zuordnen. Sie sind jedoch eng mit den Doktorfischen verwandt, gehören aber zu einer eigenen Familie, zumal sie nicht über Skalpelle oder Dornfortsätze verfügen und auch optisch sehr von deren Erscheinungsbild abweichen. Einige Exemplare haben stark verlängerte Rückenflossen, und man nimmt an, daß diese "Wimpel" eine hierarchische Bedeutung haben. Oft trifft man die Halfterfische auch in tieferen Riffregionen oder unter Überhängen, wo sie meist paarweise oder selten auch in großen Schwärmen unterwegs sind. Gegen einen Wohnraum im Flachwasser sind sie auch nicht abgeneigt, und daher durch ihre Attraktivität auch ein beliebter Fisch bei den Schnorchlern. Ihre Nahrung besteht vorwiegend aus Algen und Wirbellosen.

Kaninchenfische - Siganidae
Die Kaninchenfische sind ebenfalls nah mit den Doktorfischen verwandt, aber auch sie haben keine skalpellartigen Dornfortsätze am Schwanzstiel. Ihr Körper ist seitlich stark abgeflacht, und der spitze Kopf ist relativ klein. Dafür sind ihre Augen verhältnismäßig groß. Die verschiedenen Kaninchenfischarten unterscheiden sich oftmals nur durch eine andere Färbung. Die Rückenflosse säumt ihren Körper bis zum Schwanzstiel und ist mit 13 giftigen Stacheln bewaffnet. Der erste, kleinere Stachel kann nach vorne gerichtet werden. Auch die Bauch- und Afterflossen sind mit Giftstacheln bestückt. Zum Schutz gegen Raubfische werden diese Waffen vor allem nachts aufgestellt, damit sie sich so geschützt am Riffgrund niederlegen können. Auch für Menschen ist eine Verletzung durch diese Giftstacheln sehr schmerzhaft, jedoch nicht gefährlich.
Während der Nacht oder je nach Stimmung können sie auch ihre Färbung umkehren, die dunklen Musterungen werden hell und die hellen werden dunkel. Sie sind fast ausschließlich als Paar unterwegs und suchen am Riff ruhelos nach Algen, die sie mit schnellen, permanenten Kaubewegungen fressen. Durch diese den Kaninchen ähnliche Kauweise erhielten sie ihren Namen.
Kaninchenfische sind recht menschenscheu und ziehen es vor, immer in sicherer Distanz zu bleiben. Die Unterwasserfotografen bringen sie manchmal schon zur Verzweiflung, und da nützt auch oft die größte List nichts. In einem unerwarteten Augenblick ziehen sie dann doch plötzlich kameragerecht vorbei. Vor Verblüffung vergißt man dann den Auslöser zu drücken!

Halfterfisch (*Zanclus cornutus*)
Traueraugen-Kaninchenfisch (Siganus puelloides)

Doktorfische - Acanthuridae

Die Familie umfaßt sehr unterschiedliche Gattungen. Ihren Namen haben diese Fische den "Skalpellen" seitlich ihres Schwanzstieles zu verdanken. Mit diesen messerscharfen Verteidigungswaffen können sie Rivalen schwere Schnittwunden zufügen. Auch unwissende Schnorchler wurden beim Versuch, diese Fische mit den Händen einzufangen, schon arg zugerichtet. Die beidseitig doppelten Dornfortsätze der Nashorndoktorfische können nicht versenkt werden. Ihr je nach Art mehr oder weniger ausgeprägtes Horn auf der Stirn wächst mit zunehmendem Alter. Die Jungtiere mancher Arten sind unterschiedlich gefärbt, wodurch jung und alt früher oft für verschiedene Arten gehalten wurden.
Je nach Stimmung oder in der Balz wechseln einige Arten blitzartig ihre Färbungen. Die Lebensweise der Doktorfische ist je nach Gattung recht unterschiedlich. Die Arten am Riff ernähren sich vorwiegend von Algen, wobei manchmal auch kleine Wirbellose nicht verschont bleiben. Die im freien Wasser lebenden Arten der Doktorfische ernähren sich von Zooplankton.

Masken-Nashorndoktorfisch (Naso vlamingii)
Weißkehl-Doktorfisch (Acanthurus leucosternon)
Indischer Gestreifter Segelflossen-Doktorfisch (Zebrasoma veliferum)
Gitter-Doktorfisch (Acanthurus triostegus)
Blaustreifen-Doktorfisch (Acanthurus lineatus)
Schwarzklingen-Doktorfisch (Acanthurus mata)
Gelbmasken-Doktorfisch (Acanthurus dussumieri)

Fächerfische - Istiophoridae

Eine Begegnung mit diesen eleganten Fischen ist ein seltenes und beeindruckendes Taucherlebnis. Durch ihre imposante Größe bis zu 4,5 Metern und ihren ausdauernden Kampfgeist sind sie leider auch eine sehr beliebte Beute und Attraktion für die Hochseefischer. Das ist natürlich nicht gerade im Sinne der Taucher. Eine Begegnung mit diesem sehr selten anzutreffenden Hochseebewohner ist äußerst faszinierend, fast unbeschreiblich! Jedem Unterwassersportler blutet das Herz, wenn er dieses majestätische Tier kopfüber am Baum hängen sieht, und davor die stolzen "Erfolgreichen", die den Fisch für ein einziges Foto und nur zum Spaß getötet haben.
Die typischen Merkmale dieser Räuber sind die lange, spitz auslaufende Nase, die hohe aufstellbare Rückenflosse und die große stark gegabelte Schwanzflosse. Fächerfische jagen im freien Wasser nach Fischen, und sie schwimmen dabei nahe der Wasseroberfläche. Dort sind die schnellen Schwimmer durch ihre silbrig-blaue Färbung nur schwierig zu erkennen. Da die Sicht in den ersten Monaten des Jahres meist sehr gut ist, besteht vor allem zu diesem Zeitpunkt die Möglichkeit, diese Fische anzutreffen.

PLATTFISCHE - PLEURONECTIFORMES

Butte - Bothidae

Die Butte sind durch ihre skurrile Körperform einzigartig unter den Fischen. Wie eine flache, ovale Scheibe liegen sie auf der linken Körperseite auf sandigen Gründen. Durch ihr extremes Tarnvermögen sind sie oft erst durch eine Fluchtbewegung erkennbar. Dabei strecken sie die stark verlängerte Brustflosse senkrecht wie eine Antenne über ihre Körperoberfläche, die eigentlich einmal ihre Körperseite war. Als Jungfische schwimmen die Butte wie "normale Fische". Während des Heranwachsens ändern sie jedoch ihre Schwimmposition in die Seitenlage, und das Auge der grundzugewandten Seite wandert auf die andere Seite, auf die "neue" Körperoberseite des Fisches. Es ist interessant, daß sich die Butten linksäugig entwickeln, d.h. das rechte Auge wechselt auf die linke Körperseite. Schollen und Seezungen hingegen, die auch den Plattfischen angehören und uns von Fischmenues wohl bekannt sind, werden zu Rechstäugern. Die letzteren beiden Vertreter werden jedoch hier nicht näher erläutert.
Die Rücken- und Afterflosse säumen den Körper durchgehend. Durch wellenartige Bewegungen schwimmen Butte dicht über dem Grund. Dort jagen die Räuber nach kleinen Fischen, Krebsen sowie Weichtieren, die sich ihnen dank des perfekten Tarnkleides ahnungslos nähern.

Fasan-Butt (Bothus mancus)
Portrait vom Fasan-Butt
Eine ausgesprochen seltene Begegnung: Zwei Schwarze Marline (Makaira indica) in Riffnähe

KUGELFISCHARTIGE - TETRAODONTIFORMES

Drückerfische - Balistidae

Die meisten Vertreter der Drückerfische sind auf den ersten Blick an ihrer ganz typischen Körperform zu erkennen. Der überdimensionale Kopf macht ein Drittel des Körpers aus und endet mit dem artentypischen kleinen Maul. Die Mehrzahl der Drückerfische sind reine Riffbewohner.

Mittels eines genialen Sperrmechanismus der ersten Rückenflossenstrahlen können sich die Drückerfische bei Gefahr oder nachts zum Schlafen in Riffritzen verkeilen. Die zweite Rückenflosse und die Afterflosse säumen die hintere Hälfte ihres Körpers bis zum Schwanzstiel und werden zum Schwimmen wellenförmig bewegt. Für eine schnelle Schwimmweise wird die Schwanzflosse eingesetzt. Im Bereich des Hinterkörpers verfügen sie oftmals über stachelähnliche Fortsätze, fast wie Rosendornen, die wohl bei innerartlichen Auseinandersetztungen eine Rolle spielen. Drückerfische haben große Schuppen und kräftige, meist gut sichtbare Zähne. Ihr seitlich stark abgeflachter Körper läuft in einer konischen Kopfform aus.

Unzählige Rotzahndrücker schweben tagsüber wie blaue Wolken über den Riffen. Sobald man sich nähert, verschwinden sie sofort in Ritzen und Spalten, und man sieht nur noch ihre Schwanzflossen, die überall aus dem Riff ragen. Die Grünen Drücker sind von den Tauchern und Schnorchlern während der Brutzeit mit gutem Grund gefürchtet. Sie sind mutig und schrecken vor niemandem zurück, um ihre Nachkommen zu schützen. Nach ein paar Scheinangriffen beißen sie auch schon mal zu, und das ist mindestens so schmerzhaft wie ein Pferdebiß. Für die Fischeltern ist es eine sehr streßreiche Zeit, da kleinere und größere Eierdiebe ständig versuchen, das Gelege zu plündern. Ruhelos müssen sie Räuber verscheuchen, und ihre Agressionen werden somit verständlich. Vorzugsweise macht man während dieser Zeit einen Bogen um ihre Reviere.

Zur Nahrungssuche pusten sie mit Hilfe eines starken Wasserstrahles allerlei Nahrung aus dem Grund, und mit ihren kräftigen Zähnen drehen sie auch schwere, abgebrochene Korallenstücke um. Je nach Art ist die Nahrungspalette sehr vielseitig und beinhaltet nebst Fischen, Stachelhäutern und Algen manchmal auch Zooplankton. Mit dem kräftigen Gebiß knacken sie Muscheln und Krebstiere mühelos.

Rotzahn-Drückerfisch (Odonus niger)
Leoparden-Drückerfisch (Balistoides conspicillum)
Blauer Drückerfisch (Pseudobalistes fuscus), Übergang von Jugend- zu Erwachsenenfärbung

Feilenfische - Monacanthidae

Die Feilenfische sind ganz eng mit den Drückerfischen verwandt. Ihre Haut ist durch Stachelschuppen sehr rauh und wurde früher wie die der Haie als Schleifpapier verwendet. Ihre große Schwanzflosse ist meist zusammengefaltet. Gleich über den Augen befindet sich der typische lange Flossenstrahl, der wie ein Stachel aussieht. Dieser kann durch den zweiten Flossenstrahl blockiert werden. Die stabile Vorrichtung dient wie bei Drückerfischen dazu, sich im Riff zu verbarrikadieren. Die zweite Rückenflosse und die Afterflosse verlaufen saumartig bis zum Schwanzstiel.

Die Harlekin-Feilenfische sind immer als Pärchen unterwegs. Der ebenso kleinwüchsige Sattelflecken-Feilenfisch imitiert den giftigen Sattelflecken-Spitzkopfkugelfisch durch sein perfektes Tarnkleid. Beide sind nur an den längeren Rücken- und Afterflossen und geringfügigen Unterschieden im Zeichnungsmuster voneinander zu unterscheiden. Es handelt sich hierbei um ein klassisches Beispiel von Mimikry, das bedeutet, daß in diesem Fall eine relativ seltene und harmlose Art eine häufigere und giftige oder ungenießbare Art nachahmt. So wie wir Probleme haben, die zwei Arten zu unterscheiden, fällt es auch potentiellen Freßfeinden schwer, die beiden Arten voneinander zu unterscheiden und sie verschmähen dann beide.

Das spitz auslaufende Maul der Feilenfische ist mit kräftigen Zähnen bestückt. Je nach Art ist ihre Nahrung sehr verschieden und kann unter anderem aus Algen, Korallenpolypen oder Krebsartigen bestehen.

Kofferfische - Ostraciidae

Auch auf engstem Raum sind diese Fische durch die propellerartigen Bewegungen ihrer runden Brustflossen noch sehr manövrierfähig. Die gegensätzlich wellenförmigen Schläge der Rücken- und der Afterflosse dienen zur langsamen Fortbewegung im Riff. Ihre Schwanzflosse, die ihnen sonst zum Steuern dient, benutzen sie nur für schnelles Schwimmen in Fluchtsituationen. Durch die außergewöhnliche drei- oder viereckige Körperform kamen sie zum Namen Kofferfische. Sie schwimmen normalerweise sehr gemächlich. Wie die Kugel- und Igelfische haben sie keine Bauchflossen, und die Haut ist ebenfalls schuppenlos. Die Körper der Kofferfische sind mit harten Knochenplatten geschützt. Da sie keine Kiemendeckel haben, erfolgt die Wasser- und dementsprechend auch die Sauerstoffversorgung durch das permanente Heben und Senken des Mundhöhlenbodens. Ihr kleines Maul hat dicke, vorstehende Lippen und ist mit kräftigen zusammengewachsenen Zahnreihen ausgerüstet. Sie ernähren sich von Krebsartigen, Weichtieren oder Algen. Als Jungtiere, Weibchen oder Männchen sind ihre Farbkleider meist unterschiedlich, aber sie weisen vorwiegend Tupfenmuster auf.

Besenschwanz-Feilenfisch (Aluteres scriptus)
Ca. 10 cm großes Jungtier vom Gelbbraunen Kofferfisch (Ostracion cubicus)
Sattelflecken-Feilenfisch (Paraluteres prionurus)

Kugelfische - Tetraodontidae

Die Kugelfische sind bei den Tauchern sicher durch die sympathischen Gesichter mit ihren Knopfaugen so beliebt. Mit den plumpen, schuppenlosen Körpern schwimmen sie gemächlich. Der Antrieb erfolgt mittels ihrer Rücken- und Afterflosse durch gegensätzliche wellenförmige Bewegungen. Die Kugel-, sowie die Koffer- und Igelfische sind dadurch auch als "Gondoliereschwimmer" bekannt. Die Navigationsmanöver funktionieren nach dem Propellerprinzip, und sie können dadurch auch noch in den engsten Riffwinkeln wenden. Kugelfische ernähren sich mit Hilfe ihres kräftigen Gebißes hauptsächlich von Krebs- und Schalentieren sowie Fischen. Die Kiemenöffnungen befinden sich direkt vor den runden Brustflossen.

Bei Gefahr können die Kugelfische durch Schlucken von Wasser ihr Volumen vergrößern und ihr Feind spuckt sie meist erschrocken wieder aus. Auf keinen Fall sollten Taucher weder Kugel- noch Igelfische zum Spaß oder für Fotos einfangen. Die Fische leiden in diesem Moment unter starkem Streß, und der könnte zu ihrem Tode führen. Noch schlimmer ist es, die Fische dabei aus dem Wasser zu heben, da sie dadurch Luft schlucken, nicht mehr fähig sind abzutauchen und so elend verenden.

Aufgrund der Giftigkeit der Kugelfische und dem daraus resultierenden Respekt bei anderen Fischen imitiert der Sattelflecken-Feilenfisch den Sattelflecken-Spitzkopfkugelfisch. Beide Arten sind auf den ersten Blick kaum voneinander zu unterscheiden.

Spitzkopfkugelfische sind durchweg kleinbleibende und meist sehr attraktiv gefärbte Kugelfische. Außer durch ihre geringe Größe unterscheiden sie sich von anderen Kugelfischen vor allem durch ihre seitlich etwas zusammengedrückte Körperform, den schnauzenförmigen verlängerten Kopf und besonders kleine Kiemenöffnungen. Der Kamm auf dem schmalen Rücken und ein steifes, kielähnliches Gebilde auf der Bauchseite sind weitere Unterscheidungsmerkmale, die durchaus rechtfertigen, die Spitzkopfkugelfische einer eigenen Unterfamilie zuzuordnen. Sie gehören jedoch mit den anderen Kugelfischen, die ebenfalls eine eigene Unterfamilie bilden, zur selben Familie. Spitzkopfkugelfische gelten durch ihre Attraktivität und ihr putziges, niedliches Aussehen als begehrtes Fotomotiv für Unterwasserfotografen.

Trotz ihrer Giftigkeit gelten Kugelfische in Japan als vorzügliche, aber manchmal lebensgefährliche Delikatesse. Die teilweise hochgiftigen Kugelfische werden von speziell ausgebildeten "Fuguköchen" ausgenommen und zubereitet. Wird dabei irrtümlich die äußerst giftige Gallenblase des Fisches verletzt, so wird der Gast sicher sein letztes Essen genießen.

Braunrücken-Spitzkopfkugelfisch (Canthigaster smithae)
Perl-Spitzkopfkugelfisch (Canthigaster janthinoptera)
Zwei kämpfende (oder balzende?) Sattelflecken-Spitzkopfkugelfische (Canthigaster valnetini), deutlich sieht man den aufgerichteten Kiel auf der Bauchseite

Igelfische - Diodontidae

Die schönsten und größten Augen aller Fische haben ganz bestimmt die Igelfische. Ihre charakteristische Körperform mit dem gedrungenen Kopf und dem leicht vorstehenden Maul sind ihre typischen Merkmale. Mit ihren starken Zahnplatten knacken sie mühelos Krebsartige, Seeigel und hartschalige Weichtiere. Auch sie sind normalerweise, wie die Koffer- und Kugelfische, langsame Schwimmer und benutzen denselben Schwimmstil. Dank der starken Schwanzflosse können sie bei Bedarf auch sehr rasch schwimmen. Bei Gefahr können sie sich wie zu einem Ballon aufpumpen, wobei sie ihre sonst am Körper anliegenden Stacheln aufstellen. Dadurch erlangen sie ein igelhaftes Aussehen, können sich in kleinen Höhlen verkeilen und sind dadurch vor Feinden geschützt. Unglücklich ist manchmal ein Aufblähen im Mund des Raubfisches, da er durch die Stacheln nicht wieder ausgespuckt werden kann und dies meist das Ende für beide Fische bedeutet. Leider werden Igelfische im Streßzustand manchmal von Fotografen für Actionfotos mißbraucht.
In Souvenirgeschäften haben sie so auch bereits in verschiedenen Teilen der Welt einen regen Umsatz bewirkt. Sie wurden getrocknet und zu Lampen oder ähnlichem Unfug verarbeitet und unglaublicherweise von Touristen als Souvenir erstanden!!

Schwarzflecken-Kugelfisch (Arothron nigropunctatus)
Landkarten-Kugelfisch (Arothron mappa)
Masken-Igelfisch (Diodon liturosus)
Masken-Igelfisch

KRIECHTIERE - REPTILIA

Meeresschildkröten - Cheloniidae

Diese putzigen Tiere sind wie die Landschildkröten Lungenatmer und müssen daher regelmäßig an die Wasseroberfläche auftauchen. Auf keinen Fall dürfen Wasserschildkröten festgehalten werden. Sie geraten dabei in Panik und Atemnot, was zu einem Herzinfarkt führen könnte. Auch wenn das nicht immer so dramatisch endet, wird sich die Schildkröte auf jeden Fall an dieses schlechte Erlebnis erinnern. Beim nächsten Tauchgang in ihrem Revier wird sie schon lange bevor die Taucher sie sichten können die Flucht ergreifen.
Wasserschildkröten sind durch das Artenschutzabkommen strengstens geschützt, und der Export und Import von Schildpatt wird hart bestraft. Dennoch werden diese Tiere an verschiedenen Orten der Welt immer noch abgemetzelt und bei lebendigem Leib aufgeschlitzt. "Ganz Schlaue" umgehen jetzt scheinbar das Gesetz, indem sie den Schildkröten den oberen Teil des Panzers bei lebendigem Leibe abtrennen und sie wieder zurück ins Wasser werfen, wo sie kläglich verenden müssen!
Die vorderen paddelförmigen Schwimmfüsse dienen ihnen für den Antrieb, und die hinteren werden als Steuer benutzt. Zur geschlechtlichen Fortpflanzung treffen sich die Tiere vor der Küste, und die Kopulation findet im Wasser statt. In der Nacht schwimmen die Weibchen auf ihre Geburtsinsel und schaufeln dort in mühsamer Arbeit ein tiefes Loch in den Sand. Die Eier werden darin abgelegt und von der erschöpften Schildkröte wieder mit Sand zugedeckt, bevor sie ins Meer zurückkehrt. Im sonnenbestrahlten, warmen Sand werden die Eier automatisch ausgebrütet. Die kleinen Schildkröten krabbeln nach dem Schlüpfen aus ihrer Brutstätte sofort instinktiv in Richtung Meer. Nur wenige überleben die erste sehr gefährliche Zeit, da sie für viele Lebewesen als Leckerbissen gelten.

Für Touristen, die nicht tauchen oder schnorcheln, wurden auf einigen Inseln Flachwasserbecken gebaut, damit sie Haie, Rochen, Schildkröten und andere Meerestiere "besichtigen" können. Der normale Lebensraum der Tiere wird dabei nicht berücksichtig und sie vegetieren dahin. Das hat nun doch zu der Einsicht geführt, sie wieder in das Meer zu "entlassen"!
Durch das große Interesse der Touristen an Schildkröten haben die Kinder auf den Einheimischen-Inseln inzwischen eine Einkommensquelle erkannt: Sie fangen frisch geschlüpfte Schildkröten und bieten sie Touristen zum Kauf an. Die unverständliche Nachfrage führt schnell zu verstärktem Angebot! Hier mein Appell an alle Touristen: kaufen Sie bitte keine kleinen Schildkröten!
Schildkröten und deren Eier gehören seit Jahrhunderten auf den sonst sehr monotonen Speiseplan der Malediver. Somit wird es unvermeidlich sein, daß sie hier und da auf dem Fischmarkt in Male angeboten werden. Würden wir als Außenstehende hier eingreifen, würden wir sie sicher zu überhöhten Preisen kaufen, um sie wieder in die Freiheit zu entlassen. Wir hätten nichts anderes erreicht, als dieses sehr lukrativ gewordenenGeschäft weiter anzukurbeln. Der krasse und schnelle Übergang in die "Neue Welt" ist für die Malediver oft schwierig. In Europa entwickelte sich alles über Jahrzehnte und Jahrhunderte, also entsprechend langsam. Toleranz und Einsicht unsererseits könnten hier hilfreich sein. Außerdem ist es noch gar nicht so lange her, daß bei uns noch Schildkrötensuppen gegessen wurden, obwohl sie nie als Grundnahrungsmittel galten!

Karett-Schildkröte (Eretmochelys imbricata)

SÄUGETIERE - MAMMALIA

Wale und Delphine - Cetacea

Wale gehören zu den intelligentesten und lernfähigsten Tieren. Heute existieren weltweit noch rund 90 verschiedene Walarten. Ihre Körperlängen reichen von ca. 1,25 m bis 33 m. Ihre Gewicht kann von 25 kg bis 135 Tonnen betragen. Durch ihre fischähnliche Torpedo-Form glaubt man kaum, daß sie zu den Säugetieren gehören. Wale sind ausgezeichnetet Schwimmer und Taucher. Durch ihre waagerecht gestellte Schwanzflosse sind sie zweifelsfrei von den Fischen zu unterscheiden. Ihre vorderen Extremitäten sind in Flossen umgewandelt, die hinteren dagegen sind völlig zurückgebildet. Einige Arten haben sogar noch Reste von Oberschenkelknochen, die äußerlich nicht zu erkennen sind. Ihr primäres Haarkleid hat sich bis auf ein paar verstreute Borsten am Kopf, die als Sinneshaare dienen, völlig zurückgebildet. Wale leben meist gesellig. Sie unterhalten und orientieren sich durch ein pfeifendes Tonrepertoire, das teilweise im Ultraschallbereich liegt und daher für uns nicht immer hörbar ist.

Ihre Nahrung ist unterschiedlich. Sie besteht je nach Art aus Plankton, Kopffüßern, Fischen, ja sogar aus Pinguinen, Robben oder anderen Wirbeltieren. Für die Nahrungssuche und das Aufsuchen ihrer Brutgewässer legen sie zum Teil riesige Strecken zurück. Nach ihren Hochzeitsritualen dauert es 11-16 Monate bis ein Junges zur Welt kommt, das relativ schnell heranwächst. Die Zitzen liegen in einer Hautfalte, und die Milch wird durch Muskelkontraktionen des Muttertieres dem saugenden Jungen eingespritzt.

Wale werden ab und zu von Transfer-Booten gesichtet, da sie weitab vom Außenriff und deshalb äußerst selten anzutreffen sind. Auf weite Distanz kann man diese fantastischen Tieftaucher leicht durch ihre regelmäßigen "Blows" erkennen. Die meterhohen Fontänen, die je nach Form arttypisch sind, bestehen aus kondensiertem Wasserdampf und möglicherweise öligen soweie schleimigen Substanzen aus den Atemwegen. Einige Arten tauchen fast 1.000 Meter tief und oft länger als eine Stunde.

Die Delphine, diese 1 - 9 m langen, vorwiegend Fische fressenden Zahnwale sind mit etwa 30 Arten in allen Meeren vertreten. Ihre mehr oder minder schnabelartige Schnauze ist typisch und hat eine große Anzahl kegelförmiger Zähne. Mit dieser harten Schnauze können sie andere Fische stark rammen. Diese sympathischen und geselligen Tiere sind sehr lebhaft und flink. Wegen ihrer außerordentlichen Intelligenz werden sie oft in Delphinarien gehalten, dressiert und zur Schau gestellt. Ein artgerechtes Leben ist in diesem Falle sicher nicht möglich. Manchmal werden sie auch für Bootengänge zwischen Unterwasserlaboratorien und der Wasseroberfläche eingesetzt. Auch vom Militär wurden sie schon für kriegerische Einsätze mißbraucht.

Mit akrobatischen Sprüngen empfangen uns manchmal ganze Schulen von Delphinen an unseren Tauchplätzen oder auf dem Weg dorthin. Sie machen sich einen Riesenspaß daraus, das Boot ganz dicht am Bug zu verfolgen und damit zu spielen. Beim Tauchen oder Schnorcheln sind sie leider nur selten zu sehen, da sie sehr scheu sind. Einige Schnorchel-Aktionen vom Tauchboot aus haben uns jedoch schon Erfolg gebracht, wenn auch nur für kurze Zeit. Sind sie während des Tauchganges in der Nähe, kann man ihre pfeifenden Töne sehr gut hören. Leider bleiben sie normalerweise außer Sichtweite.

Die meterhohen Fontänen haben schon vielen Walen das Leben gekostet, da sie dadurch von Walfängern leicht geortet werden können. Bereits seit 1946 existiert die Internationale Walfang-Kommission IWC, um eine schonende Nutzung der Walbestände durchzusetzen. Inzwischen sind fast 50 Jahre vergangen und unverständlicherweise werden heute noch immer Wale, Delphine und viele andere Meereslebewesen sinnlos und aus finanzieller Habgier abgeschlachtet ??!.

Eine Begegnung mit Delphinen gehört zu den Höhepunkten eines Tauchurlaubes

Bildnachweis

Alle Fotos MTi-Press

Siggi Braun: 106 o., 122,

Helmut Göthel: 33, 36, 35, 39, 49, 51 u., 56 l., 58, 59, 60, 61, 62 o., 63 l., 64 r., 65., 67 l.o., 67 u., 69 l.o., 69 r., 71 l., 73, 74, 75, 76, 84, 85, 88 r., 92, 95, 98, 108 l., 112 l., 113 l., 114 l.o., 114 r., 116 o., 119, 120 u., 122 o., 123 r., 126, 127, 128, 129 u., 130, 131 l.u., 133 o., 134 l., 135 l., 136, 138, 139, 140, 141 r., 142, 143, 144 l.o. + l.u., 146 l.o.+l.u., 147 r., 148, 150, 152, 154 l.o.+l.u., 155, 158, 159, 160, 161, 162, 163, 164, 165 l.o., r.o.+l.u., 168, 169, 170, 171, 172, 173, 174 l.u., 175, 179

Harry Harrison: 31, 63 r., 78 r., 102 o.,

Michael Keck: 83, 137, 145 l.,

Andreas Koffka: 93

Ute Müller: 131 r.o.+r.u.

Sepp Seufzenecker: 52 l., 114 l.u., 125, 166 o.,

Herwarth Voigtmann: 29, 54 o., 71 r., 77 u., 81, 88 l., 110 u., 117 l.o.+r., 123 l.,

Monique Walker: 10, 14, 15 l., 15 r., 16 l., 16 r., 17 l., 17 r., 18 l., 18 r., 19, 20, 26, 30 o.,30 u., 34, 43, 51 o., 52 r., 53, 54 u., 55, 57, 62 u., 67 r.o., 69 l.u., 72, 82, 90 u., 91, 94, 102 u., 106 u., 107, 113 r., 116 u., 118, 122 u., 124 o., 129 o., 132, 133 u., 134 r., 141 l., 144 r.u., 146 r.u., 147 l., 149, 153, 154 r.u., 156, 157, 165 r.u., 166 u., 167, 174 l.o. + r.u., 177

Ueli Weibel: 35, 64 l., 77 o., 78 l., 79, 86, 87, 90 o., 103, 104, 105, 108 r., 110 o., 112 r., 115, 117 l.u., 120 o., 121, 124 u., 135 r., 145 r., 151,

Alle Aquarelle und Zeichnungen : Danièle Hernandez / MTi-Press

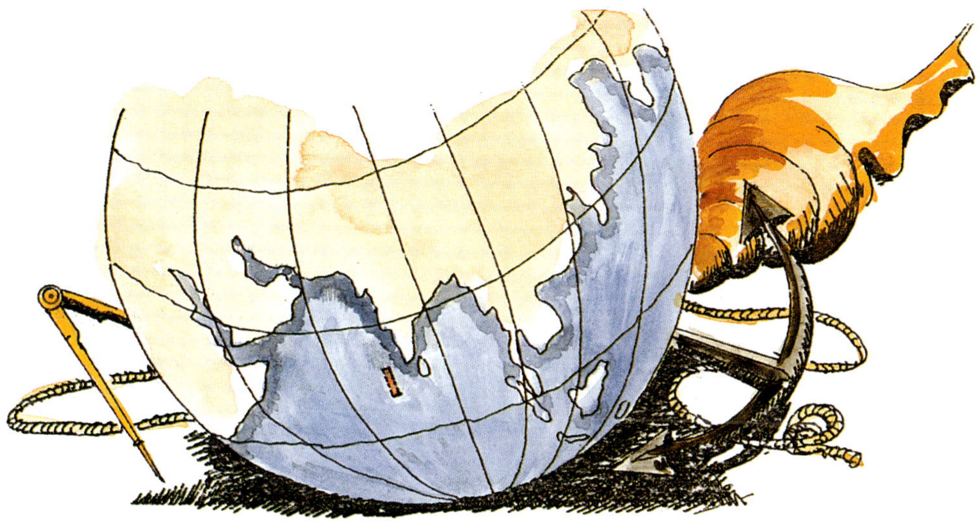

Das LTU-Ökoprojekt auf den Malediven

Seit dem 1. September 1993 sorgt der Düsseldorfer Ferienflieger LTU für die Entlastung der Malediven von dem Müll, den deutsche Urlauber dort produzieren. In den letzten Jahren war die Entsorgung von Abfällen wie z.B. Plastikflaschen oder Aluminiumdosen zu einem zunehmenden Problem auf den Inseln im Indischen Ozean geworden.

Auf dem Flug nach Malé erhalten seitdem alle Passagiere den LTU-Öko-Beutel mit der Bitte, LTU bei ihren Umweltschutzbemühungen zu unterstützen. Der Beutel, der bis zu 30 Liter faßt, soll mit allen während des Urlaubs anfallenden anorganischen Abfallstoffen gefüllt werden. Für die vollen Öko-Beutel stehen am Flughafen Malé eigens umgerüstete Container bereit, mit denen die Abfallstoffe nach Deutschland zurückgeflogen und dort entsorgt werden. Für Altbatterien ist eine getrennte Sammlung und Entsorgung eingerichtet. Insgesamt sollten so bis zu 200 Tonnen problematischer Abfallstoffe pro Jahr zurückgenommen werden.

Darüber hinaus enthält die Passagier-Information, in der zur Teilnahme am LTU-Projekt aufgerufen wird, mit dem Umweltministerium der Malediven abgestimmte Hinweise zu umweltgerechtem Urlaubsverhalten.

Den an Bord ihrer Flugzeuge anfallenden Müll fliegt LTU bereits seit über drei Jahren von den Malediven nach Deutschland zurück. Zu diesem Zweck wurden an Bord der Boeing-767-Flotte der LTU besondere Anlagen installiert, die den Transport solcher Abfallmengen erlauben.

Bereits im Februar 1994 konnte festgestellt werden, daß dieses vorbildliche Umweltprojekt der LTU, mit dem die weitere Verschmutzung der Korallenriffe auf den Malediven verhindert werden soll, überaus erfolgreich verläuft. In den ersten fünf Monaten wurden rund 20.000 Öko-Beutel ausgeteilt, von denen weit über 70 Prozent gefüllt zurückgebracht wurden. Mehr als 100 Tonnen problematischer Abfallstoffe, die sonst im Meer abgeladen worden wären, konnten LTU-Fluggäste seitdem sammeln. Um dieses hohe Aufkommen zu bewältigen, hat LTU inzwischen auch die Zahl der Öko-Container von zwei auf vier verdoppelt.

Mit ihrem Umweltprojekt will LTU ein Zeichen für einen umweltfreundlichen Tourismus setzen und sich der ökologischen Verantwortung stellen, die sie in ihrem Unternehmensleitbild festgeschrieben hat.

LTU Passagier-Information

Liebe Fluggäste,

Die Malediven - ein kleines Paradies im Indischen Ozean, das für immer mehr deutsche Urlauber zum Traumziel wird. Aber genau darin liegt auch eine Gefahr: die Natur der Malediven kann den Zustrom an Urlaubern nur begrenzt verkraften. Größtes Problem: der Müll, den die Urlauber gewissermaßen "importieren" und der auf den Malediven nicht richtig entsorgt werden kann. Die Inseln sind zu klein, um eine eigene Müllreycling- und Verbrennungsanlage zu betreiben, und das Abladen im Meer ist keine Lösung.
LTU stellt sich diesem Problem und ihrer Verantwortung für die Umwelt.

Helfen Sie mit! Mit dem "LTU-ÖkoBeutel".

In den ÖkoBeutel gehören:
- Plastikmaterialien (z.B. Wasserflaschen, Tuben und Flaschen für Sonnencremes, Mückenschutzmittel oder Kosmetika),
- Aluminium und Weißblech (Getränke- und Konservendosen).

Nicht in den ÖkoBeutel gehören:
- organische Abfälle oder hygienisch bedenkliche Materialien.

Am Ende Ihres Urlaubs schnüren Sie den LTU-ÖkoBeutel bitte gut zu und nehmen Sie ihn von "Ihrer" Insel wie ein Stück Handgepäck zum Flughafen mit. Sie werden den Müllbeutel nur wenige Meter zu tragen haben, denn auf den Inseln sind die Wege kurz. Am Flughafen passieren Sie mit dem Beutel die Sicherheits- und Zollkontrollen. Auf dem Weg zur LTU-Maschine steht dann ein LTU-Container, in den Sie den Beutel laden können. Für den Heimflug und die umweltgerechte Entsorgung in Deutschland sorgt dann LTU.
Für verbrauchte Batterien hat LTU eine besondere Entsorgungsmöglichkeit vorgesehen - nehmen Sie die Batterien bitte im Handgepäck oder in der Hosentasche zum Flughafen mit: dort steht neben dem LTU-Container eine Box speziell für Altbatterien.

Aber Sie können noch mehr tun, um das Paradies im Indischen Ozean auch für die Zukunft zu bewahren. Hier fünf ÖKO-TIPS:

- Süßwasser ist auf den Malediven ein besonders kostbares Gut. Gehen Sie sparsam damit um, wo immer Sie können. Ein besonderer Hinweis: In vielen Hotels gibt es inzwischen die Möglichkeit, dem Personal zu signalisieren, ob man z.B. Handtücher weiterbenützen möchte oder ob sie gewechselt werden sollen. Machen Sie von dieser Möglichkeit Gebrauch: so kann nicht nur kostbares Wasser, sondern auch wasserbelastendes Waschmittel gespart werden.

- Strom können Sie sparen, indem Sie z.B. Klimaanlage und Licht in Ihrem Zimmer abschalten, wenn Sie absehen können, daß Sie für längere Zeit abwesend sein werden.

- Nehmen Sie beim Baden, Schnorcheln und Tauchen Rücksicht auf die einzigartige Unterwasserwelt. Schon ein unachtsamer Tritt kann eine Koralle zerstören oder beschädigen, die erst in Jahrzehnten wieder nachwächst.

- Kaufen Sie keine Souvenirs, die aus geschützten Tier- bzw. Pflanzenarten hergestellt werden (z.B. Schwarze Koralle!). Ein solcher Kauf fördert die Nachfrage nach solchen Souvenirs und führt zur weiteren Ausbeutung der ohnehin schon bedrohten Arten; darüber hinaus werden solche Souvenirs vom deutschen Zoll beschlagnahmt, der Versuch der illegalen Einfuhr kann empfindliche Strafen nach sich ziehen.

- Zögern Sie nicht, Ihren Hotelmanager höflich auf Umweltprobleme anzusprechen, wenn Ihnen solche aufgefallen sind. So können Sie helfen, Umweltbewußtsein aktiv zu vermitteln.

Danke für Ihre Mithilfe!

UNTERWASSERFÜHRER - UNDERWATER GUIDES

Unterwasserführer Rotes Meer: Fische / Underwater Guide Red Sea: Fish, Helmut Debelius, 168 Seiten, 2. Auflage 1990, ISBN 3-925342-18-4

Unterwasserführer Rotes Meer: Niedere Tiere / Under Water Guide Red Sea: Invertebrates, Peter Schmid und Dietmar Paschke, 168 Seiten, 2. Auflage 1990, ISBN 3-925342-10-9

Unterwasserführer Malediven: Fische / Underwater Guide Maldives : Fish, Peter Nahke und Peter Wirtz, 168 Seiten, 2. Auflage 1992, ISBN 3-925342-59-1

Unterwasserführer Karibik: Fische / Underwater Guide The Carribean: Fish, Peter Wirtz und Peter Nahke, 176 Seiten, 1993, ISBN 3-927913-26-X

Unterwasserführer Madeira/Kanaren/Azoren: Fische Underwater Guide Madeira/ Canary Islands/Azores: Fish, Dr. Peter Wirtz, 160 Seiten, 1994, ISBN 3-927913-29-4

Unterwasserführer Europäische Binnengewässer, Bernd Humberg, 200 Seiten, 1994, ISBN 3-927913-44-8

UNTERWASSERFOTOGRAFIE

Nikonos-Handbuch, Herbert Frei, 168 Seiten, 1994, ISBN 3-925342-24-9

Blitzlichtfotografie unter Wasser, Herbert Frei, 128 Seiten, 2. Aufl. 1994, ISBN 3-927913-72-3

Makrofotografie unter Wasser, Arnd Rödiger, 112 Seiten, 1989, ISBN 3-925342-09-5

Sonderbrevet Unterwasserfotografie, Manfred Scheffel, 80 Seiten, 1994, ISBN 3-927913-40-5

VERLAG STEPHANIE NAGLSCHMID
Rotebühlstr. 87A, 70178 Stuttgart,
Telefon 0711/626878, Fax 0711/612323

TAUCHREISEFÜHRER

Tauchreiseführer Malta, Arnd Rödiger, 80 Seiten, 3. Aufl. 1994, ISBN 3-927913-75-8

Tauchreiseführer Kärnten, Herbert Frei, 128 Seiten, 1994, ISBN 3-925342-94-X

Tauchreiseführer Bonaire, Michael Jung, 152 Seiten, 1992, ISBN 3-927913-12-X

Tauchreiseführer Sinai, Peter Schmidt und Claudia Kreutzer-Schmid, 128 Seiten, ISBN 3-925342-99-0

Tauchreiseführer Südfrankreich, Die Inseln von Hyères, Margot und Franz Ebersoldt, 128 Seiten, 1992, ISBN 3-927913-24-3

Tauchreiseführer Costa Brava, Dietmar Paschke, 120 Seiten, 1989, ISBN 3-925342-54-0

Tauchreiseführer Korsika, Franz Brümmer und Werner Baumeister, 104 Seiten, 2. Aufl. 1992, ISBN 3-925342-19-2

Tauchreiseführer Sardinien, Heinz Käsinger, 96 Seiten, 1990, ISBN 3-925342-58-3

Tauchreiseführer Ostdeutschland, Der Norden, Falk Wieland, 144 Seiten, 1994, ISBN 3-927913-42-1

Tauchreiseführer Ostdeutschland, Der Süden, Falk Wieland, 144 Seiten, 1994, ISBN 3-927913-43-X

NÜTZLICH FÜR DIE REISE

Gefahr erkannt, Gefahr gebannt, Dr. Peter Schmid, 104 Seiten, 3. Aufl. 1990, ISBN 3-925342-44-3

Tauchbasen der Welt, MTi-Press, 464 Seiten, Neuauflage 1994, ISBN 3-927913-64-2

SACHBILDBÄNDE

Korallenriffe der Welt, Roger Steene, 336 Seiten, 1991 , ISBN 3-925342-97-4

89,-